Remerciements

Un grand merci à tous les amis et parents qui m'entourent. La liste serait trop longue si je devais citer tout le monde, mais pour ce livre je remercie tout particulièrement Christine de Colombel, Martine Destivelle, Christine Grosjean, Gérard Kosicki, Pascal Tournaire, Jean-Bernard Blanchet et surtout Lothar.

CATHERINE DESTIVELLE

Danseuse de roC

ISBN 2-207-23394-4

CATHERINE DESTIVELLE

Danseuse de roC

DENOËL

SOMMAIRE

de

BERNARD GIRAUDEAU

L'apparition eut lieu à Fontaine-bleau. Une jeune femme blonde s'est envolée et a disparu derrière un rocher. Plus tard, très discrètement, j'ai essayé de faire la voie. Je suis resté au sol avec cette incompréhension qui fige les débutants.

Je m'attendais derrière chaque bloc à être surpris en flagrant délit d'incompétence, par des yeux verts et un sourire malicieux. C'était obsédant à la fin.

J'apprenais quand même par la rumeur qu'un animal étrange changé en femme était apparu sur les rochers du Cuvier, les falaises de Mouriès ou dans les gorges du Verdon. Je n'étais donc pas le seul à avoir eu des visions. Un jour, à deux mètres du sol, j'entendis derrière moi un bonjour timide. Je tournai péniblement un visage crispé par l'effort et reconnus la jeune femme blonde. Je ne pus décemment pas poursuivre ma tentative et sautai sur le sable le plus élégamment possible.

J'esquissai un sourire stupide et, tout en balbutiant quelques banalités sur mon exploit avorté, je me demandai ce que pouvait bien faire un homme ordinaire devant cette jeune femme blonde.

Je décidai sur-le-champ de lui écrire...

ELLE EXISTE, JE L'AI RENCONTRÉE

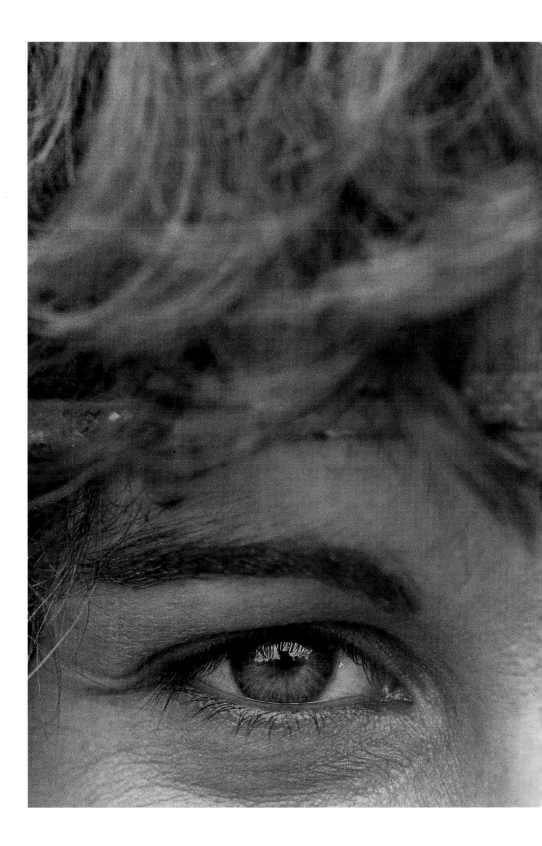

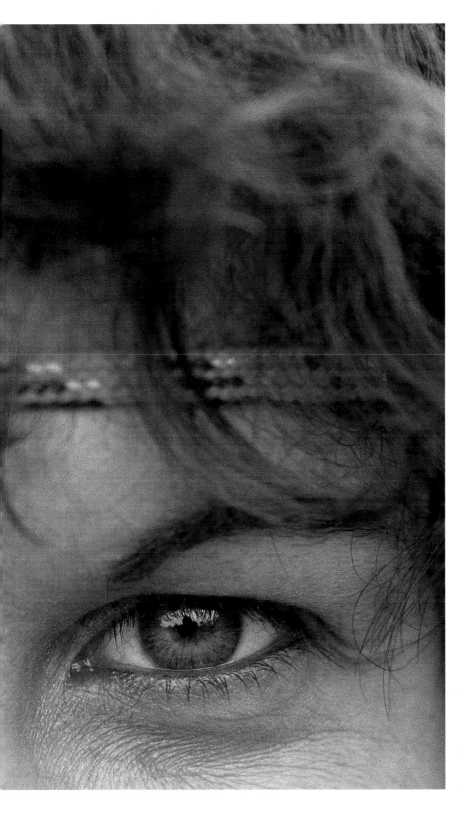

C' est moi,
je regarde
la ligne bleue
des Vosges.

Préface

LETTRE
D'UN
HOMME
ORDINAIRE
A
UNE
JEUNE
FEMME
BLONDE

Les hommes ordinaires connaissent peu ce sport, cet art devrais-je dire, mais ils ont au moins le crédit de l'amateur, de l'amoureux en somme.

Ceci est une manière de cour, mais comment rivaliser avec une passion ? Comment rejoindre une femme qui nous laisse au pied des falaises avec un sourire désarmant.

Tu es belle, troublante, musicale, tu possèdes un sens aigu de la beauté du geste.

Tu es l'épouse et la maîtresse de sculptures gigantesques. Tu es provocante et ce n'est pas sans jalousie que nous te regardons te lover contre la roche, ou caresser le granite bleu des Alpes. Tu es sorcière aimante et amante de la verticalité. Tu es aérienne, dominatrice, consciente de ta technique. Nous aimons ton plaisir. Tu es l'alouette qui monte au ciel pour nous aveugler. Notre bonheur dépend de tes caprices. Tu nous séduis pour mieux nous échapper. Tu nous quittes pour de lointains pays, des Afriques poivrées, des déserts ocre. Sur le chemin du retour, tu pars à l'assaut de murailles espagnoles. Souvent, le cœur serré, nous regardons notre idole disparaître derrière un surplomb. Nous sommes impatients de tes victoires et envieux de ta liberté.

Rien n'est venu altérer ton humour ni freiner ton enthousiasme. Sous une force apparente, l'alouette est fragile. Elle n'échappe ni à la peur ni à l'émotion, c'est ce qui la rend plus humaine.

Tu restes la première dame d'un royaume qui semble inaccessible. Mais les hommes ordinaires admirent l'exception et vénèrent l'impossible.

Tu nous donnes l'irrésistible envie de t'imiter.

A notre humble niveau, nous avons au moins une certitude, celle d'avoir encore beaucoup de chemin à faire.

IL ÉTAIT UNE FOIS...

Mais qu'est-ce que je fais là ! Faire le guignol comme ça au milieu d'une paroi verticale, sans corde, alors que je risque de me rompre le cou à tout instant !

Que m'arrive-t-il ? J'en ai assez de monter, de redescendre, pour recommencer une énième fois. Attendre que les caméras soient en place, que la lumière soit bonne, que l'oiseau passe, que l'âne cesse de braire. Un mois que cela dure. En plus, il fait chaud. Je suis lasse de manger toujours la même chose, poulet-riz, poulet-pâtes, poulet-riz, arrosé d'une sauce bien grasse ; de ne dormir que d'un œil, parce qu'un âne brait, qu'un coq se trompe d'heure ou qu'un musulman fait sa prière en pleine nuit juste avant le lever du soleil. Pis encore, la diarrhée qui vous fait lever d'un bond et courir à travers tout le village pour aller se soulager dans le champ. Au début, j'avais le temps de choisir un baobab pour faire cela discrètement. Bientôt, je n'eus plus aucun répit pour ménager ma pudeur... Mauvaises nuits, durs réveils. J'en ai assez de me lever tous les jours à cinq heures du mat' pour me retrouver à grimper en solo à deux cents mètres du sol à six heures.

Pour le moment je suis en pleine paroi. J'attends le signal de Pierre-Antoine, le réalisateur, pour m'élancer vers le sommet. C'est la fin du tournage et jusqu'à présent tout s'est bien passé. Il faut que je reste concentrée jusqu'au bout. Il le faut. Pourtant quelque chose au fond de moi s'y refuse, m'empêche de fixer mon attention : qu'on en finisse de ce tournage.

Moteur : Pierre-Antoine m'a ordonné de partir. Comme un automate je m'élance vers le sommet. J'enchaîne sans réfléchir les mouvements les uns après les autres. Tout marche à la

"Escalade à mains nues du Puros de Malos, de Riglos ; les vautours ne vont pas tarder à attaquer la belle Catherine." Les journalistes et leur baratin...

perfection. Aucune incertitude, je progresse de strate en strate, mes mains se posent sans hésiter et tirent ce qu'elles trouvent quand soudain un graton cède sous ma main droite. Un très court instant mon corps se trouve en perte d'équilibre. Un sursaut de détresse, ma main gauche qui se crispe, tout mon corps qui se tend. Ça va mieux, mais toute tremblante, le cœur battant, je comprends que je suis sans corde et que j'ai vraiment failli y passer. Secoue-toi, Catherine, il faut continuer, la caméra tourne ! Mes jambes flageolent, j'ai l'impression d'être sans force. Je traverse sur la vire, je cherche mes prises fébrilement. Je grimpe un ressaut puis un deuxième, un dièdre, un gradin encore, et me voilà au sommet. Ouf ! Quelle trouille ! j'ai la gorge sèche, les jambes en coton, lorsque dans le talky j'entends Pierre-Antoine parler avec son accent suisse flegmatique : « Catherine, c'est pas mal, mais ce serait bien si tu pouvais recommencer. »

J'avale ma salive, j'essaye de me calmer en respirant profondément. Je me revois en train de perdre l'équilibre ; je réfléchis très vite, les idées passent dans ma tête à une allure folle. Lothar, mon ami, mes parents, le passage où la prise a cassé, mon corps en déséquilibre, le vide. C'est la tourmente. Je respire un bon coup avant de dire, d'une drôle de voix desséchée : « O.K. Pierre-Antoine, je recommence. »

Me revoilà au point de départ. Le signal et c'est reparti. Je m'astreins à respirer calmement, à contrôler chaque mouvement, à regarder chaque prise de pied, de main. Tout se passe bien. J'arrive au passage que je crains maintenant si fort. Mon cœur s'accélère, je suis très concentrée, je pèse chaque geste et j'enchaîne sans problème. Me voilà sauvée ! C'est fini, le tournage est fini. Je peux me laisser aller. Je suis tout à fait heureuse.

Mais pourquoi en suis-je arrivée là ?

J'ai commencé à pratiquer l'escalade très jeune. Le week-end, mes parents aéraient leur progéniture en forêt de Fontainebleau où mon père avait l'habitude de grimper avec des copains. A cette époque nous étions déjà quatre filles, j'étais l'aînée. Les enfants, pas spécialement intéressés par l'escalade, préféraient jouer à cache-cache dans les rochers. C'était des poursuites effrénées toute la journée ! Les parents nous ramenaient à la maison épuisées, ce qui était un des buts de la manœuvre, car nous étions dans l'ensemble assez turbulentes.

18 D'année en année, les sorties du week-end se raréfiaient. La

famille s'agrandissait, et ces promenades en forêt devenaient de vraies expéditions. Je crois que la motivation pour ces sorties s'estompait, en même temps que notre docilité face aux grands principes d'une éducation équilibrée...

Vers treize-quatorze ans, je restais le plus souvent à la maison, à Savigny-sur-Orge, en banlieue parisienne. J'avais beaucoup d'amis et nous jouions dehors tout le week-end : patin à roulettes, vélo, ballon, billes... Nous nous dépensions, et finalement nous nous amusions presque autant qu'en forêt. Jusqu'au jour où les jeux sont devenus moins spontanés, moins joyeux. Mes amis, filles et garçons de mon âge, n'appréciaient plus avec la même ardeur les sports de plein air. Ils préféraient se raconter des histoires, écouter de la musique, s'enfermer des après-midi entiers ou au contraire traîner dans la ville à faire des « bêtises » comme disaient les adultes. Ce n'était souvent pas bien méchant, fumer des cigarettes en cachette, voler des bonbons... Pourtant certains commençaient à parler de drogue.

Mes parents s'inquiétèrent. Je devenais agressive, irritable, je tournais en rond, ne sachant qu'inventer pour m'occuper. Le soir, quand mon père, qui était ingénieur, rentrait fourbu par une longue journée de travail, je ne savais pas toujours me taire. Ils me proposèrent alors de m'envoyer au Club alpin français le week-end pour faire de l'escalade. Je ne me le fis pas dire deux fois, j'étais enchantée ! C'était mon grand rêve depuis que j'avais entendu des voisins en parler à mes parents. Je savais que l'escalade était une bonne approche de l'alpinisme, donc de la montagne, et cela s'accordait parfaitement avec ce qui fut ma toute première vocation : je voulais être bergère !

L'année de mes quatorze ans, en septembre, on m'inscrivit donc au CAF et je pus, en toute liberté, partir tous les dimanches en forêt de Fontainebleau. Ma journée débutait à 5 heures du matin car il me fallait rejoindre la gare de Lyon pour prendre le train de 8 h 23 qui embarquait tous les cafistes. Oui ! il fallait en vouloir, et les moins motivés désertaient rapidement.

Cette sortie du dimanche, je la prévoyais dès le mercredi en préparant mes affaires avec zèle et application pour ne surtout pas être prise de court ! Il était hors de question que je n'aie pas mon pantalon de velours vert, usé à souhait, mon pull vert, dans le même état, et ma superbe chemise orange et vert

19

Solo au Mali : les femmes Dogon voulaient me donner de l'arachide pour que j'aie encore plus de force pour grimper. Par ce geste elles me remerciaient de revaloriser l'image de la femme auprès des hommes.

à carreaux. Préalable indispensable, le tout devait être propre et passé à l'assouplisseur ! Le vert était ma couleur favorite, d'ailleurs un peu indépendamment de moi : avec un petit frère et une petite sœur en plus, nous étions six enfants et notre mère, afin d'éviter certaines embrouilles, avait destiné une couleur à chacun. C'est ainsi que l'on m'a dédié le pull vert de mamie, la trousse d'école verte, les chaussettes vertes, le rond de serviette vert…, le tout s'accordant à mes yeux ! Cette couleur me plaisait assez, elle me permettait de me confondre avec les éléments naturels de la forêt. Pour parfaire les préparatifs du fameux dimanche, il ne me restait plus qu'à mettre chaussures d'escalade et chaussettes au fond du sac à dos, où viendrait se joindre en dernière minute le pique-nique. C'était tout un rite et j'étais totalement affligée s'il manquait le moindre détail !

Cette journée je la démarrais très tôt, mais je me levais sans effort. A la maison, le petit déjeuner était sommaire, je me rattrapais dans la rue en dévorant avec délices baguette et croissants chauds achetés à la première boulangerie ouverte. J'aimais cette marche seule dans Savigny encore endormi, entraînée par le bonheur à venir.

Lors de mes premières sorties, j'étais très émue et, ma foi, aussi assez fière d'aller sans être accompagnée à Paris, un Paris que je découvrais en plus totalement désert. J'avais très peur de ne pas arriver à l'heure, de ne pas trouver le bon quai, de ne pas trouver le bon groupe… Une vraie panique ! Mais tout s'est toujours bien déroulé.

Le train déposait le groupe — une vingtaine de personnes — à Bois-le-Roi, d'où nous devions marcher dix kilomètres pour rejoindre les lieux de grimpe. Ce n'était pas une corvée, au contraire, je savourais cette approche dans la forêt, les bruits, les odeurs. Tout en marchant, j'écoutais, intriguée, le papotage des différents groupes avec lesquels je faisais un bout de chemin. Ils parlaient tous de l'été qu'ils venaient de passer en montagne. Les uns avec discrétion, les autres avec emphase, décrivant en détail leurs exploits. Je me sentais un peu perdue, un peu étrangère au milieu de tous ces gens. Je ne connaissais personne, et venant de passer deux mois au bord de la mer, je me gardais bien de faire état de mes souvenirs de pêche ! Je découvrais le vocabulaire particulier des grimpeurs et cela m'isolait encore plus. L'escalade est un sport qui a son langage, les grimpeurs forment une microsociété qui a ses rites et ses codes. J'avais tout à apprendre. J'étais à la fois fascinée et ravie.

C'est à Barbizon, plus exactement dans les gorges d'Apremont, que j'ai abordé réellement, lors de la première sortie avec le CAF, la forêt sous l'angle de l'escalade. Une fois tous les cadets rassemblés — on nous appelait ainsi — et passé les quelques minutes accordées à nos estomacs pour le plein d'énergie, tout le monde se disséminait par petits groupes autour de rochers, de blocs marqués de petites flèches de couleurs différentes. J'appris vite que la couleur avait un rapport avec la difficulté.

Je me suis retrouvée avec une dizaine d'adolescents et un moniteur qui nous fit débuter sur un circuit jaune. Nous devions essayer chacun à notre tour et j'écoutais fébrilement le moniteur conseiller les premiers candidats. Enfin c'était à moi. Légèrement émue de sentir des regards fixes braqués dans mon dos, je me lançai et, ô surprise, je passai tous les blocs du premier coup. J'étais la première étonnée de ne pas trouver difficiles ces rochers marqués en jaune, même si c'était la couleur des débutants. Au bout d'une dizaine de blocs, je commençai même à m'impatienter, piaffant, attendant mon tour. N'y tenant plus, je finis par explorer d'autres blocs avoisinants mais hors circuit... et bien sûr j'eus droit à un petit savon bonbon du moniteur : il ne fallait pas grimper n'importe quoi, n'importe comment..., je n'étais qu'une débutante, d'ailleurs ce n'était pas la peine d'essayer, je n'y arriverais pas et j'allais me faire mal, etc. Je ne sus quoi répondre. Il devait avoir raison, cela pouvait être dangereux et il était responsable... Je n'en étais pas moins terriblement vexée.

Heureusement, un autre moniteur, inoccupé jusque-là, eut la bonne idée de me prendre en main, le temps que tout le groupe ait réussi le rocher imposé par un censeur. En toute légalité, je pus enfin me laisser aller. Quelques tentatives, quelques erreurs, et hop ! je les passais tous. Je n'aime pas être humiliée, cela dut être une motivation de plus. Intérieurement, je jubilais. Je me sentais progresser à toute vitesse, acharnée à mémoriser chaque pas, chaque mouvement pour les mettre à profit dans les blocs à venir. C'était dans ma tête un chamboulement terrible.

Rejoignant le groupe, qui déjà me regardait différemment, je croisai mon moniteur donneur de leçons ; il me dit vouloir se

Ô SURPRISE, JE PASSAIS TOUS LES BLOCS DU PREMIER COUP.

Solo au Mali :
pour les Dogons
grimper ainsi
vient de mes
yeux clairs.
Je suis donc
une sorcière !

« divertir » sur les blocs que je venais de faire. Peut-être ne les connaissait-il pas, peut-être ne sut-il pas d'entrée évaluer leur difficulté, il « buta » irrémédiablement sur l'un d'eux, et dut en prendre un petit coup ! Ce jour-là, je crois bien avoir inspiré autour de moi un respect quasi religieux.

Décidément en froid avec ce moniteur, je fus aux anges quand son confrère — qui, en me révélant à moi-même, m'avait fait un bien beau cadeau — me proposa de me montrer d'autres blocs. Un peu gênée d'accepter, je découvris vite que cela l'amusait autant que moi. C'est ainsi que tous les week-ends nous nous retrouvions pour enchaîner circuit sur circuit jusqu'à l'heure du retour.

Dès le milieu de l'après-midi, il fallait cesser de grimper pour ne pas rater le train du soir. J'arrivais chez moi vers 21 heures, les doigts râpés, fourbue et du bonheur plein la tête. Pendant le dîner, je racontais mes exploits à la famille, mais personne ne pouvait vraiment comprendre ce que cela représentait pour moi. Je finis par en dire de moins en moins, de simples « ça a marché » ou « ça n'a pas marché » selon les jours et les circuits, ce qui était d'ailleurs inutile car mon expression, en franchissant la porte, suffisait à les renseigner.

Le lundi matin, percluse de courbatures, je pouvais à peine descendre des trottoirs. Il me fallait deux ou trois jours pour récupérer, puis j'attendais que la semaine s'étire et qu'arrive enfin un autre dimanche.

Cette initiation avait tout d'une révélation. J'étais complètement prise par l'escalade. J'y pensais dans la journée, j'en rêvais la nuit. Quand je recevais le bulletin du CAF, je l'épluchais de fond en comble, mariages et décès compris. Je le gardais pieusement à côté de mon lit, et le soir avant de m'endormir je le relisais, m'en imprégnais, rêvassais sur le programme des sorties, qui était autant de promesses à venir. L'hiver, les conditions étaient beaucoup plus dures, les journées étaient courtes, il pleuvait souvent, parfois il faisait très froid, mais jamais je n'aurais manqué une sortie. Il m'est parfois arrivé de partir sous la neige, il fallait alors dégager les prises pour grimper et c'était l'onglée assurée. J'avais entendu dire que les meilleurs éléments du groupe seraient sélectionnés pour un stage d'été en montagne. Je testais ma résistance, je découvrais mes possibilités et mes limites, physiques et morales. En prévision de ce stage, j'accumulais les efforts, je m'acharnais à en faire toujours plus et en même temps je m'affirmais, à mes yeux et vis-à-vis des autres. J'étais très soucieuse de bien faire et si l'on me disait : « En montagne buter sur une pierre peut être fatal », je m'appliquais alors à faire de belles enjambées bien souples, ou bien : « Il faut de la résistance », je montrais que je savais marcher, que je n'étais pas frileuse, que je savais encaisser et garder ma bonne humeur.

Un jour, pour tester mon endurance, j'ai été jusqu'à grimper toute la journée en short sous la neige ! En fait, je crois que je me sentais obligée d'en faire trois fois plus, parce que étant la plus jeune du groupe, je ne voulais surtout pas avoir l'air faiblarde. Un dimanche, mes parents en voyant qu'il faisait un temps épouvantable se sont apitoyés sur mon sort et ont eu la malencontreuse idée de venir me chercher. L'intention était délicate, mais j'étais furieuse ! J'étais avec les autres, je voulais faire comme eux, pas question de me faire dorloter. Et puis j'aimais la brusque détente de la marche après l'effort de l'escalade. Ce chemin du retour était un délassement, un apaisement, je le faisais la tête vide comme un automate, laissant mon corps, repu et content, me conduire.

La première sortie en falaise eut lieu au printemps, pendant les vacances de Pâques. Quelle excitation ! Du haut de mes quatorze ans, je trouvais que la falaise ça commençait à faire vraiment sérieux. J'étais béate d'admiration devant tous ceux qui en avaient déjà fait. C'était pour moi encore mystérieux et j'avais beaucoup de mal à m'imaginer ce que cela pouvait être. Pour l'occasion, mes parents m'achetèrent un baudrier et un mousqueton à vis orange. Je prenais le duvet de mon père. Comme les vrais alpinistes ! Deux choses me chagrinaient : étant très menue encore à l'époque, mon baudrier était un modèle réservé aux enfants, et je trouvais que le rouge de la ceinture jurait avec l'orange du cuissard…

Nous sommes allés à Saffres, en Côte-d'Or. Arrivés sur les lieux à 18 heures, nous avions juste le temps de planter les tentes avant la nuit. J'étais un peu déçue. On m'avait parlé de falaise, j'avais une hâte terrible de les découvrir et je ne voyais rien ! Ce n'est que plus tard dans la nuit que je l'appris : nous campions sur le plateau, au-dessus des falaises. Cette nuit-là, bien peu ont pu trouver le sommeil. Il faisait une « caillante » comme j'en ai rarement connu, et c'était pour moi comme pour beaucoup d'autres notre première nuit sous la tente. Ajoutez à cela l'excitation due à l'expérience nouvelle de la

Mali encore
et toujours.
Devant ce
magnifique bloc
je n'ai pu
résister
à l'escalade.

falaise, vous obtenez une belle nuit blanche. Comble de malchance, j'avais mis — Dieu sait pourquoi — ma gourde en plastique tout au fond de mon duvet. J'étais petite, elle n'était pas en contact avec mes pieds, et vers 2 ou 3 heures du matin, elle éclata. L'eau avait gelé !

Trempée et un peu vexée, je ne pouvais que subir les quolibets de mon compagnon de tente. Il n'insista pas trop et nous décidâmes de soigner notre insomnie en allant faire un tour.

Malgré l'obscurité, je pus enfin découvrir la cassure de la falaise. Nous n'avions qu'une notion très vague de la dénivellation, et un équilibre fragile, aussi sommes-nous restés à une distance très raisonnable du bord de la faille, au moins 3 mètres, chacun tenant la manche de l'autre...

Dès le lever du jour, malgré une nuit éprouvante, tout le monde était fin prêt pour grimper. Un moniteur me groupa avec deux autres débutants. La falaise, dans toute son ampleur, se dévoilait enfin. Hélas, quelle déception... Je la trouvais ridiculement petite ! Je m'étais imaginée quelque chose d'au moins aussi haut que mon immeuble. En fait, j'ai pu le constater avec une corde, cette falaise faisait tout de même de trente à trente-cinq mètres, c'est-à-dire, autant que mon immeuble de douze étages. J'avais simplement été dupée par l'effet de perspective que créent les lignes fuyantes et lisses des constructions modernes.

Je grimpai d'abord l'Eclair, baptisée ainsi à cause d'une longue entaille qu'il faut suivre pour parvenir au sommet. C'est une voie AD, c'est-à-dire assez difficile selon une échelle de difficultés en cinq niveaux : Peu difficile ; Assez difficile ; Difficile ; Très difficile ; Extrêmement difficile. Pour les passages d'escalade, on a longtemps évalué la difficulté de I à VI, du plus simple au plus extrême. Puis les grimpeurs progressant, on a ouvert cette échelle par le haut. Depuis quelques années on fait du VII et puis du VIII, raffinant même à VIII a, b ou c. A l'époque, je n'en étais pas encore là...

C'est à moi que revint la responsabilité d'assurer le premier de cordée. Il me montra comment m'y prendre, et surtout fit mon nœud d'encordement. J'étais enfin encordée, comme les vrais, les grands grimpeurs ! Je m'appliquais à refaire les gestes de l'assurage, ceux que j'avais pu épier à droite et à gauche, sur les journaux, à Fontainebleau, dans certains livres. J'étais très flattée d'une telle confiance, j'étais aussi un peu inquiète. Allais-je m'en tirer ? Pourrais-je, avec mon petit gabarit, retenir ce grand costaud s'il avait la mauvaise idée de tomber ? Je tentais de me rassurer en me disant qu'il devait bien savoir ce qu'il faisait. Je sais maintenant qu'il ne risquait rien, même avec une telle différence de poids et qu'un « petit » peut retenir un « gros ». Après avoir atteint le sommet de la falaise, il me cria que c'était à mon tour de grimper. Je n'attendais que ce feu vert et démarrai comme une fusée. Je n'ai jamais su pourquoi, et j'ai beau me dire et me répéter que j'ai tout le temps, j'ai toujours grimpé à toute allure. Peut-être est-ce pour ne pas faire attendre mes compagnons d'escalade ; je ne crois pas être d'une nature particulièrement patiente, ni envers les autres, ni envers moi-même… Si aujourd'hui j'ai appris à respirer dans l'effort, les premiers temps, j'arrivais en haut des voies complètement essouflée. J'avais compris que je possédais certaines facilités pour l'escalade, mais là je découvrais que le vide ne m'effrayait pas. Une chose restait quand même mon point noir : comme je fonçais, chaque fois que j'arrivais à hauteur d'un piton, j'oubliais de démousquetonner et je continuais à grimper… Cinquante centimètres plus haut, je me retrouvais brutalement coincée, me demandant ce qu'il pouvait bien m'arriver, quel pouvait être le salaud qui m'empêchait de… Bon sang, bien sûr, j'avais une fois de plus négligé de libérer la corde ! Chaque fois, c'était des rages folles contre moi-même.

A Saffres, ce matin-là, après l'Eclair, je fis deux autres voies de même niveau et sans plus de peine. Je mettais toute ma fierté à ne pas m'accrocher aux pitons pour me hisser, à ne pas me faire bloquer, ou comble d'humiliation à ne pas me faire tirer par mon premier de cordée. Je crois honnêtement que j'aurais préféré dévisser carrément.

L'après-midi, le moniteur qui nous avait pris jusque-là en charge devait s'occuper d'un autre groupe. Errant au pied des falaises, regardant les autres avec envie, mes deux compagnons et moi-même décidâmes de grimper de notre propre chef. En échange de dernières recommandations nous obtenons le prêt d'une corde. Mes camarades étant plutôt du genre prudent et sage, nous optons pour une voie « Peu difficile ». Tout se passe bien, nous mettons la barre un peu plus haut et enchaînons avec une AD. Je demande bien haut :

— Qui passe en tête ?

Personne ne répond, pas même celui qui s'était désigné pour

la voie précédente. J'avais réussi mon coup, j'allais enfin grimper en tête ! Fini le souci d'avoir à démousquetonner...

Lancée dans la voie, j'ai senti mon corps totalement coordonné, répondant à toutes mes exigences. Les mouvements s'enchaînaient sans heurts, je me sentais parfaitement à l'aise. Pour la première fois de ma vie, j'éprouvais un sentiment de plénitude. Malheureusement, les autres m'en sortirent brutalement : ils m'engueulaient vertement parce que j'avais mousquetonné un clou sur deux...

Après cette première extase, transportée véritablement dans une sorte d'ivresse, je décidai de tenter plus dur, pour voir tout simplement comment cela se passait. Mes camarades, sans rien dire, me laissent en tête. Tandis que l'un noue son nœud d'assurance à la taille, l'autre démêle la corde puis me tend l'extrémité libre.

Avant de démarrer, je scrute minutieusement la falaise. Le plaisir du regard qui se fraye un passage dans la paroi, repère les difficultés et les prises éventuelles, l'excitation du corps prêt à l'effort, prêt à capter le vide. Je réussis sans peine à atteindre le sommet de la falaise. Cette observation scrupuleuse à laquelle je me suis livrée pour la première fois ce jour-là, au pied de la falaise, est toujours fructueuse : c'est devenu depuis un réflexe de départ. De mes deux copains, un seul parvient à faire la voie. Il y a au milieu un pas délicat que l'autre ne réussit pas à franchir. Pendu près d'une heure sans réussir à progresser, il finit par réclamer d'une petite voix fragile que l'on veuille bien le redescendre : il commençait à avoir le vertige. Le vertige, c'était du chinois pour moi et je ne compris pas du tout sa satisfaction en arrivant en bas alors qu'il avait « buté » !

De plus en plus excitée, je propose une autre voie à mes compagnons qui sans me répondre me regardent avec des yeux ronds. Sous leur regard, je me suis alors sentie comme une extraterrestre, une sur-femme.

« Tu n'as pas l'impression que tes mains vont s'ouvrir alors que tu leur demandes de serrer les prises ? — Non. — Tu n'as pas eu la tremblote, ta jambe ne se met-elle pas à se secouer convulsivement ? — Non. — Ton ventre ne se colle-t-il pas au rocher comme pour s'y enfoncer ? » Non, non, je n'éprouvais rien de tout ce qu'ils me décrivaient. Mon corps ne m'était pas un obstacle, bien au contraire, j'avais l'impression qu'il possédait des ressources illimitées. J'avais déjà éprouvé

Un peu de frime ! Ce mouvement ne sert strictement à rien, c'est juste pour épater la galerie.

cela à Fontainebleau. Je terminais alors mon troisième circuit de la journée !

Je réussis quand même à convaincre mes copains de faire une nouvelle ascension, de même cotation que la précédente (AD) en leur disant qu'aucune voie ne se ressemblait. Ce qui était vrai, à tel point que je trouvais celle-ci plus dure que celle-là. Il fallait utiliser un grand nombre de prises en revers. En grimpant, j'avais par hasard surpris mes deux compagnons à bavarder avec d'autres cadets au lieu de m'assurer avec toute l'attention que cela exige et que j'attendais d'eux. Après tout, c'était aussi bien ainsi : je n'étais pas en difficulté et ils ne savaient pas laisser coulisser la corde, cela allait beaucoup plus vite quand ils ne s'en occupaient pas. Ils n'étaient vraiment plus dans le coup, et une fois que j'eus gravi la voie, ils finirent par m'avouer qu'ils n'en pouvaient plus et voulaient arrêter de grimper. Un coup dur pour moi : ma journée s'arrêtait avec leur abandon.

Le lendemain matin, comme la veille, je grimpai avec un moniteur, mais cette fois avec un seul compagnon. Une aubaine, il avait déjà fait plusieurs fois de la falaise, et je ne le lâchai pas, lui proposant de faire équipe avec lui pour l'après-midi. Il avait plus de punch que les autres et nous avons fait deux voies de cotation D. Mon nouveau compagnon, bien qu'il ne voulût jamais passer en tête, avait beaucoup de technique et je lui proposai de tenter une voie TD. Plus je grimpais et plus j'en avais envie. L'escalade, peu à peu, me possédait comme une drogue.

Dans cette TD, je ne me suis pas exactement sentie monter comme un ascenseur, j'étais même soulagée de sortir de la voie. Soulagée mais euphorique : je progressais. Mon second de cordée, malgré son expérience, resta bloqué dans un passage. Il essaya en biais, à droite, à gauche, tout droit, quinze fois, vingt fois peut-être, avant de finalement abandonner. Son acharnement spectaculaire avait attiré quelques curieux : c'est toujours plus facile et plus rigolo vu d'en bas. Quelques-uns voulurent essayer. Même scénario pour chacun. Plantée là-haut, je commençais à en avoir assez, il me semblait que tout cela durait depuis des heures. J'avais les nerfs à fleur de peau et, intérieurement, je les injuriais tous. J'étais furieuse, j'avais envie de grimper, je voulais progresser, faire des tas d'autres voies, je n'avais pas de temps à perdre à poireauter bêtement. Décidément, j'avais plus de mal à trouver de bons partenaires qu'à grimper !

Le jour suivant, j'étais fermement décidée à ne plus me trouver assujettie par quiconque ou quoi que ce soit. Je n'y allai pas par quatre chemins, je pris une corde et partis grimper seule. Je fis une D puis une TD. Je ne sais pas pourquoi j'avais emmené cette corde puisqu'elle ne me servait strictement à rien, je la laissais traîner derrière moi. Je sentais le plaisir augmenter avec la difficulté à vaincre. J'aimais cette course furtive de l'œil et de la main sur la pierre pour rechercher l'aspérité propice, cette élévation brusque et nerveuse qui succède à la prise enfin trouvée. Passant d'une prise à l'autre, j'éprouvais, chaque fois, la satisfaction des muscles et des tendons étirés. En grimpant, je découvrais le bien-être.

Ce jour-là j'ai effectué cinq ou six voies D +, TD −, dans une sérénité et une concentration parfaites. En fin de journée les choses se gâtèrent. Des grimpeurs étrangers au groupe m'ayant vue escalader en solo avaient alerté les responsables. Regroupés comme des mouches au pied de la falaise, ils semblaient dans tous leurs états. Perchée entre terre et ciel, je découvrais leurs faces livides braquées sur moi et je trouvais qu'ils en faisaient beaucoup ! D'une voix doucereuse le chef responsable m'a intimé l'ordre de redescendre immédiatement. « Mais je suis presque sortie ! » Silence de mort. Tous me regardaient : étais-je inconsciente ou coupable ? J'entendais les paroles et les pas affolés de quelques-uns pressés de remonter le sentier pour me lancer une corde. Nous sommes arrivés au sommet en même temps, eux avec leur air sérieux, moi avec mon ennui d'avoir à subir un sermon. En fait, ils avaient eu tellement peur qu'ils m'ont accueillie comme une ressuscitée, tout heureux de me voir là, en chair et en os !

L'événement déclencha le rapatriement immédiat des cadets. Au fond je n'avais pas si mal réussi car, à partir de là, j'eus droit à un moniteur pour moi toute seule, celui-là même qui s'était déjà proposé à Fontainebleau. J'étais très fière qu'il m'accorde ses faveurs et décidai de le suivre sans broncher. Il était considéré comme le meilleur grimpeur du groupe, je voulais progresser : le plan était bon même s'il me fallait accepter de me freiner. Le soir, quand tous les moniteurs étaient éreintés et donc moins vigilants, quelques cadets et moi en profitions pour faire des courses de vitesse en solo. Nous nous déchaînions sur des voies faciles qui longeaient le plus petit

JE SENTAIS LE PLAISIR AUGMENTER AVEC LA DIFFICULTÉ À VAINCRE.

Escalade à la
roche au Sabot
à Fontainebleau.
Ce superbe
crochet de pied
dans un trou
permet de
redresser
le corps
à la verticale.

chemin de descente. Des voies pas très hautes mais où l'on pouvait quand même se faire mal : on avait à la fois le culot de nier le danger et de savourer intérieurement le risque qui, en plus de l'interdit, donnait tout leur piquant à ces fins de journée.

Les retours à la maison m'offraient une angoisse plus triviale et la sonnerie du téléphone me mettait en transes. J'avais une peur terrible que les responsables ne racontent à mes parents le supplice qu'ils subissaient à cause de mes multiples imprudences. Dieu merci, ils furent fair-play ; peut-être ont-ils capitulé dans l'espoir de me voir devenir un jour moins casse-cou !

Les vacances d'été approchaient. J'étais la plus jeune des dix cadets sélectionnés pour le stage en montagne. Nous devions aller dans le Valgaudemar pendant trois semaines et j'étais surexcitée à l'idée de camper en montagne comme les bergers et de me rapprocher, grâce à l'altitude, d'un dieu auquel je croyais encore. J'avais en effet reçu une éducation religieuse stricte et si l'hypocrisie de certains avait commencé à me dessiller les yeux, j'avais encore de beaux restes... Mes parents m'équipèrent des pieds à la tête. Ils m'offrirent un vrai sac à dos, bleu et énorme. Je trouvais que ça faisait sérieux d'avoir un gros sac à dos comme ça ! Il avait des poches partout, tellement qu'il me fallait un bon moment avant de retrouver ce que j'y avais enfoui. J'avoue que ce n'était pas l'idéal pour grimper en montagne, les poches s'accrochaient partout, son volume me déséquilibrait, mais ce n'était pas grave, il était gros à souhait.

C'était la première fois que je m'éloignais aussi longtemps de mes parents, et, malgré ma joie de partir en montagne, j'avais peur de cette longue séparation. Jusqu'alors, chaque fois que je quittais le giron familial, c'était de grosses larmes au bout de quelques jours. Mais là rien du tout : j'étais sur mon petit nuage, infiniment bien. Heureusement pour mon amour-propre, car j'étais avec des gens qui n'avaient certainement plus ce genre de vague à l'âme et il était hors de question de jouer à la « petite ».

Nous étions encadrés par un guide et quelques moniteurs, et les deux premiers jours nous apprîmes à plier les cordes, à les manipuler, à faire des nœuds. Ce n'était pas vraiment palpitant mais je restai bien sage. Deuxième étape, l'école d'escalade : c'était déjà mieux mais cela ne valait pas encore

Fontainebleau. J'eus tout de même la satisfaction de mettre en difficulté le guide qui s'occupait de nous. Nous avions trouvé des blocs grimpables et tentions des passages, quand au bout de quelques essais j'en découvris un assez dur. Le guide dut s'acharner un bon moment avant de le réussir. Il fulminait, rageait d'être mis en difficulté par une gamine ! L'air de rien, pour se venger et sauver la face, il se mit alors en quête d'un gros surplomb. Quelle jubilation quand je parvins à le franchir !

Vint ensuite notre première montée en refuge. Nous devions monter les vivres et il fallait répartir équitablement les charges entre tous. C'était essentiellement des boîtes de conserve, dont quelques-unes pesaient cinq kilos. Voyant certains rechigner à monter tant de poids, prétextant des sacs trop petits, je m'étais proposée pour leur en prendre un peu. J'étais si fière d'avoir un énorme sac ! Durant la montée nous avions ordre de marcher régulièrement, tous au même rythme, et de nous arrêter de temps en temps pour boire. Je m'étais placée juste derrière le guide. Je marchais consciencieusement dans ses pas, sans aucune peine, et lorsqu'il s'arrêta pour remettre un lacet, il me dit de continuer. Je me retrouvais donc en tête de la caravane. Dans ma hâte de voir le refuge, de découvrir le paysage, j'accélérai sans m'en rendre compte. Le cortège s'étirait progressivement derrière moi, et bientôt il ne resta plus qu'un seul cadet à marcher avec moi. Nous étions heureux d'aller à notre rythme et certainement moins perturbés que les autres qui s'attendaient sans cesse. Nous sommes parvenus au refuge bien avant eux, mais ils avaient eu tout le temps de ruminer l'engueulade bien chaude qu'ils nous servirent à l'arrivée. Il ne fallait pas courir comme ça, il fallait attendre les moniteurs, etc. Le guide, lui, était trempé ; il ne disait rien mais semblait légèrement vexé de n'avoir pu nous rejoindre.

Le refuge était très confortable. J'étais même étonnée qu'il y ait des cuisinières à gaz, de la vaisselle, tout ce qu'il faut pour la table. Nous avons préparé tout de suite le repas et organisé les couches pour la nuit. Le guide qui maintenant me regardait l'air intrigué vint s'installer à côté de moi. Je n'avais jamais dormi dans un refuge, je ne savais pas trop comment faire, aussi je l'imitai : comme lui, je dépliai ma couverture, me fabriquai un oreiller confortable, mis ma lampe à portée de

J'ÉTAIS SI FIÈRE D'AVOIR UN ÉNORME SAC POUR MONTER EN REFUGE.

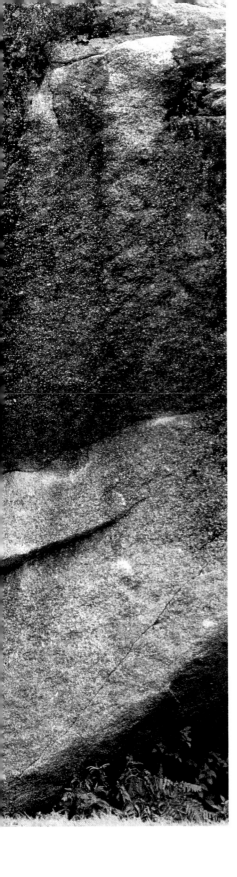

Escalade de
bloc à la
pierre d'Orthaz
à Chamonix.
Appréciez
la souplesse et
surtout les beaux
habits ! Sponsors
obligent...

main. Il fit sécher son tee-shirt ; malheureusement, le mien était sec. Dommage !

Je dormis très bien. Mais à 3 heures du matin, branle-bas de combat. Le guide sortit dehors et je le suivis discrètement pour voir ce qu'il faisait : il pissait en regardant le ciel ! Il rentra l'air satisfait pour nous déclarer : « C'est le grand beau ! » juste au moment où je remontais ma couverture jusqu'aux yeux. Je crois que, s'il avait annoncé autre chose, j'aurais pleuré. J'avais tellement envie de faire un sommet ! Toujours comme lui, j'avais préparé mon sac la veille, et j'étais prête rapidement, et contente de l'aider à faire les petits déjeuners. Quand tout fut prêt, les autres arrivèrent mollement. Le guide commençait à s'énerver, les pressant de se bouger plus rapidement, et moi, en le voyant se mettre dans tous ses états, j'avais peur qu'il ne soit trop tard pour partir.

J'AVAIS TELLEMENT ENVIE DE FAIRE UN SOMMET.

Finalement la caravane partit dans la nuit. Au lever du jour nous abordons la neige. Le guide s'arrête et nous ordonne de mettre les crampons. Encore une nouveauté pour moi, mais je m'étais préparée, répétant les gestes à faire, et je suis prête presque en même temps que lui. Autour de moi, c'est la déroute ! Quelques-uns ont oublié de régler leurs crampons, d'autres n'arrivent pas à mettre convenablement les courroies. Le cirque dure une heure ! Le guide s'impatiente et nous avertit : « Si vous ne marchez pas mieux, la course est à l'eau pour aujourd'hui. » Je ronge mon frein sans rien dire : « Quelle bande de ... » A ce moment-là, une fille part en glissade sur la neige. Décidément, les choses s'engageaient mal... Le groupe monte cahin-caha cent mètres de névé, et le guide nous annonce que la journée sera consacrée à l'école de neige. Les sommets, ce sera pour plus tard, il faut apprendre. J'oublie bien vite ma déception car cela finalement m'amuse beaucoup. Il faut se faire tomber mutuellement et se retenir. Pour jouer à ce jeu nous formons des cordées, un moniteur pour deux cadets. Je ne sais par quel « hasardeux hasard » je me retrouve toute seule avec le guide. J'étais aux anges : le beau guide avec moi ! Il fait semblant de tomber et je dois arrêter sa chute en m'arc-boutant sur la neige. Il met tout le paquet mais je tiens bon, c'est presque la bagarre entre nous ! L'exercice suivant consiste à plonger la tête la première dans la pente pour se rétablir sur les pieds le plus vite possible. Nous nous amusons et nous roulons dans la neige comme des fous ; cette journée sans sommet n'est finalement pas trop triste !

Le lendemain, on passe enfin aux choses sérieuses : c'est notre première course, le pic du Loup, en passant par le col du Loup. J'avais imaginé quelque chose de bien plus difficile. L'approche du pic est une marche toute bête dans la neige, pas une seule crevasse à enjamber, aucun frisson possible même avec beaucoup d'imagination : j'étais déçue. L'escalade n'était guère captivante, je ne comprenais pas à quoi pouvait servir la corde sinon à se coincer ou à s'emmêler en d'abominables sacs de nœuds. Le moniteur avec lequel j'étais encordée n'arrangeait rien, il était à quatre pattes sur l'arête, complètement vert. Le guide se retournait de temps en temps pour voir comment nous parvenions à nous dépatouiller : il était hilare et moi je fulminais !

MA PREMIÈRE COURSE EN MONTAGNE : LE PIC SAINT-LOUP. J'AVAIS IMAGINÉ QUELQUE CHOSE DE PLUS DIFFICILE.

Plus les jours passaient, et plus je devenais intolérante. J'avais l'impression de passer mon temps à attendre, et les maladresses et les peurs de mes camarades m'agaçaient. J'avais droit à tout un registre de remarques désobligeantes sur ma conduite « indisciplinée ». J'avais en effet bien du mal à garder le rythme du groupe, à me mettre à la queue leu leu dans les marches d'approches, à ne pas sortir des chemins… Une ambiance qui commençait sérieusement à me peser sur le système nerveux !

Finalement, à mon grand désespoir je tombais malade, ce qui, en m'évitant d'exploser, me calma. Un matin, sur le point de monter en refuge, je me réveille bien mal en point, la tête douloureuse, la gorge en feu. Pas question de rater ce qui pourrait ressembler à une course ! Je ne dis rien, espérant que la marche me requinquerait. Péniblement j'arrive au refuge, je pose mon sac et vlan ! je tombe dans les pommes. Plus question de gambader, autour de moi on s'affole, on me couche et mes camarades subiront toute la nuit mes grognements fiévreux. Je n'ai plus droit au chapitre, les autres feront leur course, j'attendrai leur retour sous une pile de couvertures. J'ai tout de même droit à un lot de consolation car le guide reste avec moi. Ça c'est bien, en revanche, quand il insiste pour me faire rapatrier en hélicoptère, je retrouve de la vigueur : « Je ne suis pas si malade, je peux très bien marcher… un hélicoptère pour moi, quelle honte ! » Je céderai quand même sur un point : c'est lui qui portera mon sac à la descente.

Massif du
Mont-Blanc :
Gaston Rébuffat
n'est pas loin
mais quel mal
pour retrouver
l'endroit !

Impossible d'échapper à la visite chez le médecin. Les antibiotiques, c'est banal, mais le régime de faveur dont j'allais bénéficier est beaucoup plus sympathique : petites tisanes, lit, et surtout soins attentifs de mon protecteur, qui n'est plus « le guide » mais Rolland. Il me promet même de m'emmener faire une course, beaucoup plus impressionnante et plus belle que celle que je venais de rater. Une aubaine, cette maladie !

Après les trois jours de repos prescrits, je peux enfin repartir avec les autres. Mon ami guide doit nous quitter, remplacé par un autre, nettement moins agréable. Coléreux, il n'en fait qu'à sa tête, se moquant complètement des responsables du groupe, et marche à un rythme d'enfer ; suit qui peut. Peu respectueux de la vie communautaire, il bouscule l'intendance en changeant les menus, et choque les jeunes filles trop bien élevées comme moi en dormant tout nu dans le dortoir collectif !

La fin du stage s'annonce quand enfin j'obtiens l'autorisation parentale tant désirée et bien négociée : j'allais pouvoir rester et attaquer les choses sérieuses, c'est-à-dire faire seule avec Rolland la course promise, la face nord du Sérac, le plus haut sommet du Valgaudemar. Enfin je découvrais vraiment la montagne, le bonheur de s'élever dans le silence, le plaisir de parvenir au sommet. Nous avons fait ça comme de vrais alpinistes, une simple cordée, chacun grimpant tour à tour en tête. La montagne à quinze n'était pas la montagne comme je l'entendais ! Rolland me propose ensuite de l'accompagner dans des courses avec ses clients. En quelques jours j'acquiers une expérience bien plus grande que durant tout le stage.

Cette vie dura le temps que j'épuise mes deniers. Il fallait payer le dortoir et la nourriture ; je proposai alors dans les refuges de faire le ménage et de cueillir du génépi — le génépi est une fleur typique des montagnes dont on se sert pour faire l'alcool du même nom. Un jour, j'avais repéré des plans magnifiques. L'accès en était difficile, cependant mes efforts ne furent pas vains, ma récolte était fabuleuse. Mais pour redescendre, ce fut une tout autre histoire. Le terrain était mauvais, tout s'éboulait autour de moi, je n'avais aucune prise. Tout ce que je prenais pour me retenir me restait dans la main, les pierres n'étaient qu'enchâssées dans la terre ; mes pieds dérapaient. Le moindre caillou qui roulait déclenchait une véritable petite avalanche, ça glissait de partout. Le pied de la face n'était qu'un énorme éboulis. J'avais tout de Bécassine à la montagne, pétrifiée de trouille, coincée et bêtasse. Pendant une heure je suis restée à quatre pattes sans oser bouger, je ne pouvais plus ni revenir en arrière ni avancer. Je me sentais là à vie et je pensais à la tête de mes parents s'ils me voyaient dans une telle situation.

A force de me raisonner, de me parler à voix haute pour m'encourager, je finis par me calmer : « Allons, Catherine, calme-toi, vas-y doucement, même si tu dois y passer deux jours, le pied gauche, là, très bien, puis tape le droit dans une pierre pour voir si elle tient. » Une fois sur deux la prise partait rejoindre le tas d'éboulis. C'était affreux, à chaque fois que je tentais un pas, je me voyais tout en bas, en miettes sur ce tas de débris. Tout défilait très vite dans ma tête, mes parents, mon frère, mes sœurs. « Fini à jamais tout ça... » Chaque seconde était un sursis. « Arrête, Catherine, tu es complètement givrée, reprends-toi ! » A force de bonnes paroles, je suis parvenue à me raisonner et à m'en sortir pas à pas. J'ai mis au moins trois heures.

Au refuge, le soir, en racontant mon aventure, ma voix tremblait encore. J'étais allée dans un endroit inaccessible pour d'éventuels secours. Je me souviens encore de la macédoine en boîte que j'ai mangée pour me remettre de mes émotions ; elle avait un goût de résurrection.

Le délai autorisé par mes parents arriva très vite à expiration, la fin des vacances aussi.

Après un tel été, retourner en classe ne m'enchantait guère. Je n'avais qu'une idée, repartir en montagne. Rolland m'avait invitée à passer un week-end de temps en temps avec lui, pour grimper, et je prévoyais une stricte organisation de mon travail scolaire pour me libérer.

Sans grande illusion, je parlai à mes parents de cette invitation, ils réagirent comme prévu. « Tu n'y penses pas, voyons ma petite fille, c'est bien trop fatigant des week-ends en montagne... et ta scolarité... nous ne connaissons même pas ce guide... » Et comme prévu, je décidai de me passer de leur autorisation. Oublié le temps pas si lointain où en partant je craignais de les voir pleurer ! Je montai un scénario compliqué : officiellement je passais le week-end en forêt de Fontainebleau avec les cadets du Club alpin ; en fait j'allais rejoindre mon professeur-guide-ami dans les environs de Gap. Même point de départ, la gare de Lyon, mais pour un trajet beaucoup plus long — je prenais le train de nuit — et

JE N'AVAIS QU'UNE IDÉE : REPARTIR EN MONTAGNE.

surtout plus coûteux pour mes maigres revenus. J'avais mes combines : un billet de famille nombreuse au départ, le même pendant deux mois, une partie de cache-cache avec le contrôleur (pour l'éviter je me cachais sous les sièges ou dans les filets à bagages, nettement plus confortables) et à l'arrivée une sortie clandestine par les trains de marchandises. Lorsque mon billet n'était plus valable, j'allais le faire rembourser aux guichets de la s.n.c.f. en racontant qu'il n'avait pas servi, en achetais un autre et recommençais mon manège.

C'est ainsi que j'ai pu grimper sans retenue dans le Vercors, au mont Aiguille, à Archiane, à Glandasse, en montagne également. Souvent, je faisais deux courses dans le week-end mais pour ne pas me trahir le dimanche soir il fallait que je n'aie pas l'air trop fatiguée. C'était excitant et joyeux, mais je n'étais pas toujours très tranquille. Si mes parents découvraient mon manège !... Pour mettre toutes les chances de mon côté et continuer à aller « bien sagement à Fontainebleau », ce que mes libéraux de parents approuvaient pleinement, je jouais en semaine à la bonne élève studieuse. Mes résultats suivaient, tout le monde était content.

Mon stratagème au point, je m'offris au printemps une petite randonnée à skis. Quelle imprudence ! Je suis rentrée à la maison beaucoup trop bronzée et presque aveugle : j'avais skié sans lunettes et j'avais un début d'ophtalmie. Allez faire croire avec ça que vous revenez de Fontainebleau ! Je leur parlai de réverbération sur le sable, mon pauvre père courait les rues le dimanche soir pour acheter du collyre, je n'en menais pas large. Sur le coup c'était tellement énorme qu'ils n'ont guère cherché à éplucher ma version des faits. L'incident éveilla tout de même leur méfiance et le week-end suivant ils demandèrent que l'on vienne me chercher à la maison.

Comment m'en sortir ? J'en parlai à une amie de classe qui avait un frère plus âgé : j'avais besoin d'un complice, ne pouvait-il pas jouer ce rôle ? Il accepte mais à ma grande surprise il débarque à la maison avec un casque de moto. Ça ne collait pas, le casque, il était censé venir en voiture et ma mère se remit à douter. J'invente quelques fumeuses explications de dernière minute et je parviens *in extremis* à quitter la maison, ravie de monter pour la première fois de ma vie sur une moto. Il me dépose à la gare de Juvisy comme convenu pour prendre le premier train en partance pour la gare de Lyon où j'arrive avec deux heures d'avance. Hésitant à déposer mon sac dans

Un contre-jour malien : la meilleure heure pour grimper c'est au coucher du soleil.

le train, je décide de le garder avec moi et m'installe sur un chariot élévateur en attendant tranquillement le départ. Je m'amuse à regarder les gens passer, j'observe leurs allées et venues, leurs accoutrements, leurs mimiques, lorsque soudain je vois mon père s'approcher du quai. Quelle horreur ! Son visage est blanc de colère et je suis littéralement pétrifiée sur mon chariot, la tête vide et le cœur affolé. Il me faut plusieurs secondes pour réagir et en pleine panique je cours me cacher sous un train postal. Pourvu qu'on ne vienne pas me déloger ou, pire, que le train ne démarre ! Recroquevillée, j'aperçois mon père qui arpente nerveusement le quai, les joues creusées, le teint de plus en plus livide, l'œil aux aguets. Il va jusqu'à vérifier sous les wagons. Heureusement que je n'ai pas laissé traîner mon sac à dos ! Même après le départ du train il continue à me chercher, jusqu'au dernier départ pour Briançon : il n'était pas tombé de la dernière pluie ! Pour plus de sûreté, j'attends jusqu'à une heure du matin, blottie sous mon refuge, attendant que la gare se vide. Puis, avec des ruses de fugitive, je me décide à sortir de ma cachette ; je commence par inspecter les abords des guichets, je contrôle les kiosques à journaux et j'espionne les bars. Pas de père en chasse. J'ai échappé au pire, me retrouver nez à nez avec un père furibond. Je connaissais ses colères ! Il n'est plus question de partir pour Gap et encore moins de rentrer à la maison. J'essaie de téléphoner à mon parrain, en vain. Où aller passer la nuit ? Je traîne dans la gare jusqu'à deux heures, mal à l'aise, essayant de me donner une contenance, d'avoir l'air d'attendre un train. Mais il n'y en a plus guère à cette heure et je me sens de plus en plus coincée. Un Africain m'aborde gentiment, il me demande ce que je fais là et m'avertit que le service d'ordre va bientôt évacuer la gare : « De toute façon, ce n'est pas prudent pour toi de rester. » J'ai bien l'impression qu'il a raison. Il me propose alors de venir chez lui, je serai en sécurité. Je ne le connais pas, ce type, et je n'ai pas envie de me faire embarquer. Je ne réponds pas, mais il continue à insister ; il est éducateur et si je n'ai pas confiance il peut aussi me conduire dans un foyer de jeunes. Cela me rassure, il est sympathique, il est tard, je décide de le suivre chez lui. Il habite en banlieue et je me retrouve dans un train à raconter mes problèmes à un homme qui m'écoute. Quel soulagement après ce qui vient de m'arriver !

Chez lui il m'offre à manger, des graines de son pays que je ne

connais pas, et il passe de la musique africaine. Le dépayse-
ment total. Au moment de se coucher il me demande si je préfère dormir sur son lit ou ailleurs. Je décide de dormir par
terre, je le fais souvent pour m'entraîner aux bivouacs, à la
maison je m'endurcis sur la pierre du balcon. Presque toute la
nuit je parle, encore et encore, à cet homme. Je ne me suis
jamais autant confiée et ce n'est qu'au petit matin que nous
nous endormons. A mon réveil, je me retrouve toute seule
dans l'appartement. Un mot à côté de moi : je peux rester plusieurs jours si cela m'arrange et si je veux partir, il suffit de
claquer la porte derrière moi. C'est vraiment une chance terrible de tomber sur un type bien ! Et il n'a même pas tenté de
me toucher un cheveu. Je préfère cependant partir, je vais
aller trois ou quatre jours à Fontainebleau comme nous en
sommes convenus avec mes parents. Quelques heures plus
tard je me retrouve à marcher dans la forêt, le moral au
niveau des mousses, bas, très bas, et sur le dos un sac beaucoup trop lourd. Accablée. Amorphe. Il fait une chaleur tor-
ride et je n'ai pas une goutte d'eau dans ce fichu sac ! De Bois-
le-Roi à Barbizon je ressasse sur le rythme obsédant de ma
marche. J'en ai marre de cette vie où on m'interdit de partir
en montagne. Personne ne me comprend, personne ne
m'aime, je ne suis vraiment pas aidée...

PERSONNE
NE ME COMPREND,
PERSONNE
NE M'AIME...

A Barbizon j'achète une bouteille d'eau et une boîte de bis-
cuits et me dirige vers les gorges d'Apremont, là où j'ai commencé à grimper. Et j'attaque les rochers : tout va mieux,
j'oublie mes problèmes, j'oublie tout. Je suis complètement
absorbée par les gestes à faire, par mes sensations. Les mouvements s'enchaînent parfaitement, je me sens infatigable.
Miracle de l'escalade. Tout au long de cette journée je croise
quelques grimpeurs aussi acharnés que moi, qui vont de
rocher en rocher. Mais en fin d'après-midi je me retrouve
toute seule dans la forêt. Je n'ai pas fait trop attention à l'attitude curieuse de deux hommes mais je suis bien obligée de
m'inquiéter à force de les voir à mes basques. Seule contre eux
deux, je ne suis pas de taille. Je veux aller récupérer mon sac
caché sous un rocher où je comptais dormir, mais ils me suivent. Ça ne me plaît pas du tout et je commence à paniquer.
J'ai peu de solutions, il n'y a personne et je n'ai pas de moyen
de fuir. Courir avec mon gros sac est exclu, ils me rattraperont
vite. Me cacher dans les buissons ? Jouer à cache-cache, toute

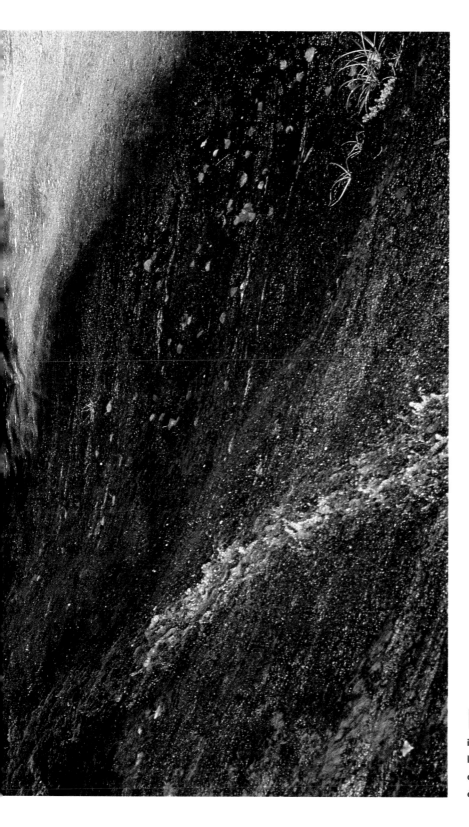

Position
insolite dans
les dalles
du Chapeau
à Chamonix.

la nuit peut-être, en tremblant à chaque bruit ? L'urgence donne des idées : pourquoi ne pas me réfugier sur un rocher inaccessible pour ces gros balourds ? Je réfléchis à tous les blocs du coin, il m'en faut un gros confortable sans aucun accès facile, où ils ne pourront jamais m'atteindre. Le bloc n° 1 du circuit rouge convient parfaitement : il est très haut de tous les côtés et je suis bien sûre que ces deux cochons avec leurs gros bides ne pourront jamais monter.

Vite je récupère mes affaires et à toute allure fonce jusqu'à mon rocher providentiel. Je n'en reviens pas d'aller aussi vite malgré le poids de mon sac et je mets une force démoniaque à grimper sur mon havre. Il est temps, les deux zèbres rappliquent au pas de course. Un peu dépités ils engagent la conversation, me demandant ce que je peux bien fuir. Et moi, bravement, d'une voix posée et l'air aussi décontracté que possible : « Les bêtes. » On joue la fable du corbeau et du renard, mais je connais bien l'histoire, ils ne m'auront pas ! Commencent les flatteries pour me faire descendre. « Vous êtes mignonne, on voudrait juste vous inviter à dîner au restaurant. » « Tu parles ! » Je les regarde du haut de mon perchoir, et je mange mes gâteaux secs. J'attends le moment où ils vont se risquer à essayer de grimper. On va bien rigoler ! Cela ne loupe pas : « Puisque tu ne veux pas nous rejoindre, on va venir te tenir compagnie... » Je suis persuadée qu'ils ne parviendront pas à monter, mais en les voyant se faire la courte échelle je me demande si je ne suis pas trop optimiste. Ces porcs me dégoûtent, je ne peux leur répondre que par la bravade. Je leur ris au nez, je me moque d'eux, ce qui a le don de leur faire perdre le peu de force qu'ils ont. Finalement je ris vraiment de bon cœur, la scène est trop comique : ridicules, ces deux dragueurs patauds, en costume de ville, rivés au sol. Je les vexe et ils adoptent un autre registre, celui des histoires horribles. Clou du spectacle : ils se mettent à poil. Je feins de ne pas les voir se dandiner tout nus comme des vers luisants au pied du bloc, j'essaye de faire semblant de dormir, en espérant qu'ils vont se calmer. Rien à faire, mon indifférence ne change rien et j'ai droit à une leçon complète d'éducation sexuelle : tous les termes techniques, toutes les figures, toutes les vulgarités y passent. A quinze ans, en une nuit, je deviens plus calée en la matière que la plupart des gens de mon âge ! Impossible de dormir, je me tiens prête à écraser les doigts des deux satyres au cas où ils atteindraient le sommet. Je surveille tous leurs mouvements, je finis par appréhender leur silence. Ils ne laisseront tomber qu'au lever du jour... J'attends tout de même l'arrivée d'un certain nombre de grimpeurs avant d'oser descendre de mon bloc.

Il me reste encore trois jours à passer dans la forêt avant de pouvoir rentrer chez moi. Je n'ai plus le cœur à grimper et je vais zoner à Barbizon pour retrouver la civilisation et me changer les idées. C'est pire que tout. Je ne connais personne, je trouve les gens peu aimables et je suis une nouvelle fois suivie en retournant dans la forêt. C'en est trop ! Je hais le sexe masculin en général ! D'après sa tenue, c'est un ouvrier qui doit travailler à Barbizon : il abandonne rapidement sa filature pour regagner son chantier.

Mais j'en ai marre, impossible de rester seule, je n'ai plus qu'à chercher un bel endroit et me terrer. Je tiens quarante-huit heures, et finis par rentrer chez moi avec un jour d'avance sur la date prévue. Mes parents paraissent contents de me voir de retour. Ces sorties sont en fait pour eux une véritable énigme. Ils se veulent libéraux et mon indépendance leur convient, aussi n'insistent-ils pas trop. Pendant dix ans je garderai le silence sur le détail de mes activités extrafamiliales.

Les vacances terminées, le rythme des week-ends à Fontaine-bleau reprend. J'ai alors quinze ans. Les sorties avec les cadets ne m'intéressent plus trop, ils ne vont pas dans mes coins de prédilection. Le dimanche je pars donc seule. La routine ; gare de Lyon, le train de 8 h 23, dix ou quinze kilomètres de marche décapante avant de me retrouver à l'effort sur mes chers rochers. Je choisis mon coin selon le temps. S'il est humide, certains secteurs sont plus secs que d'autres ; s'il fait chaud, mieux vaut un coin ombragé. Je connais la forêt comme ma poche, les innombrables sentes, les coins les plus secrets ; parfois je rencontre des animaux. Je me suis même trouvée nez à nez avec une meute de sangliers qui retournaient tout le chemin devant moi. Le temps de me demander si c'était du lard ou du cochon, les braves bêtes poursuivent leur chemin sans s'occuper davantage de moi.

Au milieu des rochers, il est rare de grimper seul très long-temps. Parfois je me retrouve au pied d'un bloc avec un autre solitaire, il me conseille, m'indique le bon mouvement, et finalement nous faisons un bout de circuit ensemble. A la fin de la journée, parfois, nous nous donnons rendez-vous pour le week-end suivant. Je fais ainsi la connaissance de

J'AI QUINZE ANS. LES SORTIES AVEC LES CADETS NE M'INTÉRESSENT PLUS TROP.

Toujours
au Chapeau,
un merveilleux
endroit pour
l'escalade qui
sert parfois
de studio
photo...

nombreux spécialistes. En fin de compte, le monde des grimpeurs est très petit et nous nous connaissons tous plus ou moins de vue.

Au fil des dimanches, ils me proposent de me ramener en voiture. Pratique pour moi qui habite sur la route du retour vers Paris ; bientôt je n'ai plus besoin de prendre le train.

En fait, cette année-là j'amorce une solide crise d'adolescence. Je supporte de moins en moins l'autorité et m'amuse à provoquer ; je cloisonne et mens de plus en plus à mes parents, sans en avoir vraiment besoin.

Au lycée, pas de problème. Je maintiens un niveau correct ; seconde C, maths, anglais, russe, latin, bref tout ce qu'il faut pour se retrouver dans la meilleure classe avec les profs les plus vaches !

Je cultive l'impression de vivre en marge. Le week-end, je ne fréquente que des gens beaucoup plus âgés dont la moyenne d'âge est de trente ans, et de retour au lycée je me retrouve avec des gamins de quinze ans, passionnés de surprises-parties, chamailleurs et inquiets. Je joue un rôle particulier, je suis la confidente de toute la classe. Ils viennent tous me raconter leurs petites histoires, leurs gros problèmes et je les rassure, je les encourage de mon mieux. Mais moi aussi les choses de la vie me travaillent et j'aimerais bien me raconter, mais je n'ai personne à qui me confier. Les copains d'escalade, je ne les connais pas assez pour parler, je suis « la petite qui grimpe bien », c'est tout.

Toute l'année je traîne mon vague à l'âme et mon ennui. Uniques diversions, l'escalade, avec acharnement, et la flûte. Pendant la semaine, quand je peux, je joue de la flûte ou écoute de la musique classique. Mais là aussi je me sens en marge et à l'écart de mes camarades qui n'apprécient que la musique pop et les tubes. Je n'écoute que de la musique classique, je fais même partie de l'orchestre du conservatoire de Savigny. Nous répétons deux fois par semaine et je ne me fais pas prier pour y aller. Il m'arrive même d'avoir envie de devenir flûtiste. J'ai commencé à pratiquer cet instrument à l'âge de huit ans. Une vraie bergère doit jouer de la flûte, n'est-ce pas ? Au début, je pensais à la flûte à bec mais le professeur du conservatoire n'enseignait que la flûte traversière. J'ai dû adapter mes rêveries. D'ailleurs j'avais vu dans des livres des bergers qui tenaient leur flûte sur le côté, alors...

Lorsque je ne jouais pas de la flûte, j'essayais de m'entraîner pour l'escalade. J'avais un très gros problème : au bout d'un an d'escalade, j'avais grossi de dix kilos ! Ce fut insidieux mais je finis par m'apercevoir que je n'entrais plus dans mes pantalons. Trop de fesses, qui pesaient lourd dans les surplombs ! J'ai beau me raisonner, me dire qu'il ne faut pas manger comme ça, c'est plus fort que moi. Je ne peux pas passer devant une boulangerie sans m'acheter un gâteau ou des bonbons. Vingt mètres avant, je me dis : « Ce coup-ci, on ne craque pas ; on passe comme si de rien n'était. » Mais, devant la porte, une force irrésistible m'attire dans ce lieu maudit. Et je ressors de là les poches pleines. D'ailleurs, j'ai toujours sur moi des bonbons que je mâche inlassablement jusqu'à épuisement du stock. En une petite demi-heure, à moi toute seule je vide un paquet de bonbons...

Après la classe, je rentre à la maison pour m'empiffrer d'un énorme goûter. Je fais fondre une plaquette de chocolat dans un bol de lait ; cela donne une espèce de crème au chocolat bien onctueuse, je laisse bouillir quelques minutes. Puis je découpe bien consciencieusement une baguette de pain en deux, j'enduis de beurre, et je trempe voluptueusement, morceau par morceau, mon pain jusqu'à épuisement total de la baguette. Ce n'est qu'après ce rite reconstituant que je consens à aller faire mes devoirs. Le ventre rond, l'esprit assoupi par la digestion, il m'arrive d'avoir quelques difficultés à me concentrer.

C'est au moment de dîner que, juré promis, je décide de faire un régime. Et je déclare à mes parents : « Je ne dîne pas ce soir. » Ils n'insistent pas. Vers dix heures, une petite faim commence à me tarabuster et une demi-heure plus tard je fonce finir les restes dans la cuisine, si possible les restes sucrés, les gâteaux, les crèmes...

Cycliquement je réagis et instaure un régime sauvage. Généralement je commence le lundi. Petit déjeuner : juste un thé ; midi : un œuf dur, une pomme ; le soir : une soupe, une pomme. Le lendemain *idem*, sauf que le soir je craque, épuisée à la fois de ne pas manger et de lutter contre la tentation. Le mercredi, pour compenser l'écart de la veille, je fais du sport. Je vais courir dans les rues de Savigny, couverte comme un oignon pour bien transpirer. Effectivement, au retour, j'ai perdu un kilo. Satisfaite de ce bon résultat, je mange un petit peu plus le jeudi, et le vendredi c'est le délire ;

''**L**a sorcière du Mali'' n'hésite pas à se lancer dans un énorme surplomb à 200 mètres du sol sous les yeux exorbités des villageois.

je peux y aller puisque le week-end je vais me dépenser et perdre tous ces kilos superflus et inesthétiques...

Effectivement, je perds un ou deux kilos en fin de semaine que je m'empresse de reprendre avant de retomber en crise de régime. Un cycle infernal, pour mon moral et pour mon entraînement. C'est vrai qu'il faut être légère pour bien grimper.

Il me reste une solution, m'entraîner à la maison. C'est parti, tous les soirs, je m'astreins à faire une demi-heure d'exercices d'abdominaux. J'ai en effet remarqué que je n'arrive pas à remonter mes jambes haut dans les surplombs, j'ai les fesses lourdes, il faut donc que je muscle le ventre.

Après ces exercices, je m'allonge sous ma chaise de bureau, attrape les bords latéraux et fais des tractions par séries de dix. J'ai bien une barre, mais au début je n'arrive pas à faire plus de trois tractions de suite ; je la laisse vite tomber, estimant plus bénéfiques mes tractions sous la chaise. Ensuite, je pense aux pompes, pour les rétablissements en haut des blocs.

Je suis même allée jusqu'à me fabriquer un sauna. Je fais couler de l'eau très chaude dans le fond de la baignoire, je dispose dessus une sorte de cageot sur lequel je m'installe, enroulée dans une couverture de survie. Je dois rester dedans une demi-heure et c'est tout à fait éprouvant. Mon cœur bat très fort et très vite, je transpire à grosses gouttes, la tête me tourne. Quand j'en sors, je suis comme une loque, à la limite de l'évanouissement. Je fonce m'allonger sur mon lit, incliné de manière que j'aie les jambes en l'air : j'avais lu dans un livre qu'il fallait ensuite s'allonger les jambes en l'air pour éviter les varices.

Avec ma méthode, je fais en effet des progrès en escalade, mais toujours aussi boulimique je ne perds pas un gramme.

A force de fréquenter Fontainebleau, je finis par me faire de très bons amis que je retrouve tous les week-ends. Ce sont des types très forts, peut-être les plus forts du moment. Ils ne fréquentent que les circuits les plus durs, et je suis partagée entre la fierté d'être acceptée, la crainte de les gêner, la frustration de ne pas être à leur niveau. Ce n'est pas la ténacité qui me manque : je fais parfois une dizaine d'essais par bloc et sur des circuits de trente blocs il m'arrive de n'en réussir qu'un. C'est déprimant, mais je suis sûre d'y arriver un jour puisque d'autres y arrivent. Je n'en démords pas. Certains week-ends, c'est une bagarre intime et acharnée entre le rocher et moi, j'ai une hargne féroce et des colères violentes. Je tape du pied dans le grès à m'en faire mal, je crie, je pleure de rage.

Dans ce groupe d'amis, il y en a un particulièrement attentionné vis-à-vis de moi. Il s'appelle Pierre et fait montre d'une patience incroyable. Je l'ai rencontré pour la première fois au Cuvier, l'endroit le plus select de toute la forêt car on y trouve les blocs les plus durs. Des blocs ayant tous un nom, une histoire, ouverts par de grandes figures comme Pierre Allain ou Robert Paragot. C'est un mythe dont les grimpeurs du CAF parlent avec respect. Pensez donc, les blocs les plus horribles, seuls les très très forts grimpeurs osent y mettre les pieds. Un jour, je décide quand même de m'y aventurer. Comme une souris, je me faufile discrètement entre les rochers pour regarder ces fameux blocs et ces fameux grimpeurs. J'observe avec beaucoup de curiosité les allées et venues de ces bêtes de l'escalade. Quelle musculature ! Quels beaux athlètes ! Il y en a de petits, de très grands, leur seul trait commun, la minceur, pour ne pas dire la maigreur. En moi-même je me dis : « Je suis mal barrée. Si je veux réussir un jour à grimper comme eux, il faut que je change de proportions. »

Au bout d'un moment, je vais me poster devant le numéro un bleu. Mine de rien, je regarde attentivement la façon dont les grimpeurs le franchissent. Enfin seule, j'enfile à la hâte mes chaussures d'escalade et j'essaye. Après quelques essais, le rocher est franchi. Pas terrible ! Et je commence à m'enhardir. Essayons le numéro 2. Un mouvement nettement plus athlétique ; presque en haut, je tombe… « Celui-là, la prochaine fois, il passera. » Méthodiquement je continue jusqu'au numéro 9 et j'en réussis quatre. Pour mes débuts au Cuvier ce n'est pas si mal.

Je rentre à la maison ravie, et durant la semaine, je redouble d'ardeur pour travailler mes abdominaux. Le week-end suivant, je réussis sept blocs sur neuf. Je progresse ! Ce jour-là je dépasse le numéro 9 pour atteindre le numéro 14. Là, je rencontre Pierre. Lui il enchaîne le circuit bleu en courant ! Arrivé à ma hauteur, je crois qu'il a pitié de moi et il m'indique la façon de passer. Il m'en montre d'autres, me décrivant les gestes à faire, la manière d'utiliser les rares prises. J'ai honte de moi. Malgré ses explications, je manque de force ou bien je me positionne mal. La technique en escalade est très importante pour pallier le manque de force. D'ailleurs, même si vous en avez beaucoup, ça ne suffit pas, il faut

LES WEEK-ENDS, C'EST UNE BAGARRE INTIME ENTRE LE ROCHER ET MOI.

un minimum de technique au départ, et de plus en plus à mesure que vous progressez. Il a fallu que j'apprenne à placer mon corps par rapport au rocher, à prendre les gratons de pieds en quart externe, à prendre les prises en opposition, en inversé, à coincer mes poings dans les fissures, etc. Je vous raconterai tout cela dans la deuxième partie du livre.

A la fin de la journée, je suis épuisée. Pierre me propose de revenir le week-end suivant. Progressivement, chaque week-end je fais quelques blocs de plus. Puis mes progrès s'arrêtent, je stagne, je n'arrive plus à faire de nouveaux blocs. C'est à désespérer ! Ces périodes de blocage peuvent durer un mois ou deux. Soudain, un week-end, à nouveau plein de nouveaux blocs. Je progresse par paliers, mais plus je mets haut la barre, plus c'est ingrat.

Un jour, Pierre me propose d'aller en falaise. J'ai décidément beaucoup de chance : tous ces forts grimpeurs qui s'intéressent à moi, une gamine de quinze ans.

Pierre est présentable, je le montre à mes parents qui le trouvent bien sous tous rapports, l'air réfléchi, calme, intelligent, et même beau. J'ai mon visa de sortie et je peux enfin partir grimper en falaise sans mentir. C'est reposant !

Surgy est une falaise de calcaire qui se trouve dans l'Yonne près de Clamecy. Cette falaise fait au maximum trente-cinq mètres de haut. C'était il y a quelques années une falaise très peu fréquentée. Je fais cordée avec Pierre. Je pensais que j'étais condamnée à grimper toujours en second car il était beaucoup plus fort que moi et ne daignerait certainement pas me suivre dans les voies faciles. Pierre m'annonce que nous allons grimper en réversible, c'est-à-dire chacun son tour en tête. Très intimidée, et au fond très contente, je ne proteste pas.

Il démarre en tête dans une voie d'échauffement assez facile. Tout se passe bien. C'est mon tour, et il me désigne une voie. Et tout continue à baigner. Dans la matinée nous faisons six voies. C'est super, nous grimpons tous les deux aussi vite ! L'après-midi, les choses se gâtent un peu. Il me propose de faire la Javanaise. Cette voie fait partie des voies dures de Surgy et je ne suis pas très rassurée. Suis-je au niveau ? On verra bien, inutile de tergiverser, et je pars tête baissée. De toute façon, Pierre est là. Il me donnera des indications si ça ne va pas.

Changement de doigts, douloureux et pénible, dans un petit trou à Fontainebleau.

J'atteins sans mal le premier clou : ça commence plutôt bien, voyons la suite. Le deuxième clou est haut, et je suis petite : après plusieurs essais, je réussis à mettre mon pied sur le premier piton, à me dresser dessus pour attraper le deuxième. Troisième clou, *idem*. A cette époque on tolérait encore cette technique... La suite est beaucoup plus corsée, en particulier un pas délicat dans un petit surplomb. Quelle trouille ! J'ai l'impression que mes mains s'ouvrent toutes seules. Dès que je peux, je me rue sur le clou suivant, j'arrive à le mousquetonner mais c'est tout : j'ai la main agrippée au mousqueton et je n'arrive pas à passer la corde dedans ou à me « vacher ».

Vacher est un terme courant en escalade ; c'est une sangle accrochée au baudrier qui permet de se reposer au clou sans faire appel à l'aide du second. Complètement à l'agonie, soufflant comme un bœuf, je parviens à me vacher dessus. J'ai vraiment eu la trouille de tomber : à l'époque, cela ne se faisait pas, c'était même carrément mal vu. Et j'ai mon orgueil. Tout le monde me regardait et j'aurais été bien vexée de dévisser comme on dit. Mais, après, ce n'est plus « à vache » : je me retrouve au milieu d'une dalle toute lisse accrochée à mon clou, le piton suivant me paraît rudement loin et je ne vois pas la moindre prise. Il y a pourtant bien une solution... Je multiplie les tentatives pour me redresser sur le clou, mais sans prise de main je n'y arrive pas. En bas, Pierre sifflote, je trouve qu'il reste bien calme devant ce mauvais spectacle. Et il siffle très bien une suite de Bach que j'étudie justement à la flûte traversière. Là, je suis épatée, il en connaît toutes les notes, mais cela ne résout pas mon problème.

Au bout d'un moment il me conseille de prendre une sangle, de l'accrocher au clou et de mettre mon pied dedans pour m'en servir comme d'une prise. On appelle ce système une pédale. Effectivement, je peux ainsi me redresser, mais il me manque encore dix centimètres pour attraper le piton suivant. Je m'étire au maximum, brandissant le mousqueton du bout des doigts, rien à faire ! A force de gesticulations, d'étirements et d'équilibres fragiles je finis quand même par trouver une méthode. Le reste de la voie me paraît beaucoup plus facile. Je crois que je n'en ai jamais autant bavé de ma vie ! C'est vraiment mon maximum. Les autres grimpeurs dans la falaise ne cessent de me regarder. Je suis devenue apparemment une bête curieuse. En rentrant le soir au camping, les gens murmurent sur mon passage. Peut-être ai-je fait un exploit ? Je n'ose pas demander si cette voie est vraiment parmi les plus dures. Au fond, cela m'est égal, je suis simplement contente d'avoir réussi. Le soir, je suis tellement fatiguée que j'en perds mon terrible appétit. Je pensais bien dormir : toute la nuit je grimpe en rêve, j'ai mal partout, surtout aux bras.

Plusieurs week-ends se passent ainsi, à grimper comme des forcenés. Pas moins de dix voies par jour. Les autres n'en reviennent pas de nous voir enchaîner les voies en réversible et à toute vitesse. Je suis à bonne école, je suis motivée et j'arrive à faire des voies de plus en plus dures. De temps en temps, des grimpeurs m'ayant vu passer en courant dans une voie se décident à m'imiter, pensant que cette voie est facile, puisqu'une fille l'a faite aussi vite. Jubilation intérieure ! Vu mes expériences de fille seule, je n'ai pas une haute opinion de la gent masculine, et de voir ces imbéciles se ruer sur une voie, rassurés parce qu'ils y ont vu une fille, me remplit de joie. Un spectacle délicieux : ils n'ont pas le niveau, ils pestent, ils jurent tout ce qu'ils savent, et moi je les contemple, hilare, du coin de l'œil. Simplement, je reste discrète et garde mon ironie pour moi.

Par la suite, cette attitude de jeune chien s'estompe peu à peu. Je me retrouve encadrée par mes amis parisiens, sages et réfléchis, ils ont envie de faire de grandes ascensions, ils acceptent de m'emmener.

Je me demande toujours si je suis à la hauteur, si je peux affronter de telles parois, et surtout si je ne vais pas les encombrer, moi, une minus de seize ans, eux qui ont tous entre vingt-cinq et trente ans.

Quand nous parlons, je me fais discrète, attentive. Quand nous grimpons, je n'hésite pas, ne me plains pas, ne revendique rien. C'est ainsi qu'en 1976-1977, j'ai le plaisir de faire en réversible les plus grandes voies du Verdon alors que je n'avais jamais planté un clou ni placé un coinceur. J'étais incapable de désigner en bons termes ce matériel technique ; clog, stopeur, spit, piton, mousqueton, tout se mélangeait joyeusement.

Le Verdon, pour moi la première fois, c'est la grande aventure. Les voies n'ont pas encore été souvent répétées, on ne sait jamais s'il sera possible de sortir dans la journée, il flotte dans l'air encore un parfum d'inconnu. Nous ne partons pas sans un sac de matériel pour un éventuel bivouac en paroi ;

Traversée dans
les gorges
du Verdon :
garder les bras
tendus
et translater
le poids du corps
d'une jambe
sur l'autre.

maudit sac qui s'accroche dans les fissures et se coince dans les cheminées.

Après quelques jours d'exploration, faire une voie par jour ne nous suffit plus. Si on essayait d'en enchaîner deux ? Trois ? Pierre et moi nous piquons au jeu, nous courons dans les voies, montre en main, cherchant à en faire toujours plus, complètement déchaînés par ce rocher magique. Je n'ose plus ni boire ni faire pipi. Sa devise : ne pas perdre de temps ! Ma devise : ne pas se faire remarquer !

A ce point que lorsque l'envie de faire pipi devient trop irrésistible, j'assure Pierre d'une main et me lance dans une gymnastique laborieuse pour me dégager du baudrier. Je fais bien attention à choisir une longueur où il est en tête : pas question qu'il voie les traces de ma faiblesse !

En fait ces vacances dans le Verdon sont épuisantes. Pas un jour de repos, et surtout, le plus pénible, les marches après l'escalade : nous n'avons qu'une seule voiture, que nous laissons au Pont-Sublime à dix kilomètres du sommet des voies.

J'accepte tout cela avec bonne humeur, sans dire un mot, ravie et très fière tout de même de faire les voies les plus réputées à une allure record. On va tellement vite que j'oublie certains passages ou mélange les voies. Dans les conversations, cela complique nos rapports avec les autres grimpeurs : ils nous parlent d'un passage expo, je ne m'en souviens même pas ! Il est vrai qu'on ne s'embarrasse pas de sophistication. Quand je trouve que poser un coinceur est trop compliqué, je laisse tomber et continue. Sur ordre de Pierre, je ne protège que le relais.

Ce régime spécial me réussit, je prends confiance en moi ; je commence à connaître mes limites. Je suis aussi prise au jeu, je veux que cela aille de plus en plus vite, à tel point qu'en tête je saute des relais. Quand je suis en bout de corde, je crie « relais » et je continue à grimper en même temps que Pierre. J'ai du mal à comprendre qu'il ne s'en soit jamais aperçu ! Autre technique de cette boulimie, si je suis en second je hurle qu'il n'y a plus de corde, alors qu'il en reste dix ou vingt mètres et je peux grimper en même temps que mon leader.

Nous écumons le Verdon, fonçons sur le Vercors, attaquons les Alpes et écharpons les Dolomites. Dans les Alpes, nous nous imposons une règle, faire au maximum, comme les premiers alpinistes, retrouver le même engagement qu'eux, et pour cela « toujours partir du bas et ne jamais revenir ».

Nous n'avertissons personne et privilégions les voies les moins fréquentées et les plus difficiles d'accès. Quel moral !...

Le plus dur, c'est le départ de Chamonix. Savoir qu'il y a des téléphériques, un train et partir à pied avec vingt kilos sur le dos ! La nuit encore c'est supportable, tout le monde dort, et aucun train ne vient vous tenter, mais en pleine journée, sous le soleil, ne pas utiliser les remontées et subir ces flots de touristes braillards avachis qui commentent la grosseur de mon trop gros sac exige une certaine constance.

Je dois avoir l'air mauvais et l'œil furibond car en général ils n'insistent pas. Je me console en imaginant l'énorme glace que je m'enfilerai au retour dans la vallée ! C'est ma carotte, la glace finale, la récompense de notre rigoureux sens de l'économie...

En fait c'est très dur de ne pas prendre les remontées mécaniques quand elles sont là, mais je n'ose toujours pas me plaindre. Pierre pourrait me prendre pour une mauviette ! Il m'arrive parfois de pleurer de fatigue.

Nous installons des camps de base en altitude et nous restons une semaine à écumer toutes les voies E.D. (Extrêmement difficile) du secteur, essayant même d'en faire plusieurs par jour. Je préfère nettement cette formule, on marche moins et on grimpe plus.

Par contre on ne mange pas grand-chose, mais la rareté ravive le plaisir et le retour dans la vallée ressemble à une fête orgiaque. Des campings aménagés, des douches, tout à profusion et surtout la glace chèrement gagnée. Et si Pierre estime qu'on a bien marché, nous nous en offrons deux d'affilée !

Je ne me souviens plus bien des voies ni de leurs noms, mais je me souviens d'avoir fait une dizaine de courses par semaine. A la fin de la saison, nous arrivons à une moyenne de huit cents mètres d'escalade de niveau E.D. par jour. Pas mal pour une petite comme moi ! J'aime surtout grimper en tête et par gentillesse Pierre me laisse la plupart du temps passer la première. Il ajoute : « Si tu voles, comme tu es plus légère, on prend moins de risques. »

Un truc que j'adore : doubler les cordées en pleine voie. Passer comme une fusée devant ces beaux messieurs, rudes montagnards et fiers de l'être. Filer sous leur nez avec juste une protection de sécurité tous les dix mètres. Je leur fais mon plus beau sourire et hop, doublé. Au relais ces galants messieurs me laissent la bonne place. Quand je leur trouve une

UN TRUC QUE J'ADORE, C'EST DOUBLER LES CORDÉES EN PLEINE VOIE, PASSER COMME UNE FUSÉE DEVANT LES RUDES MONTAGNARDS.

71

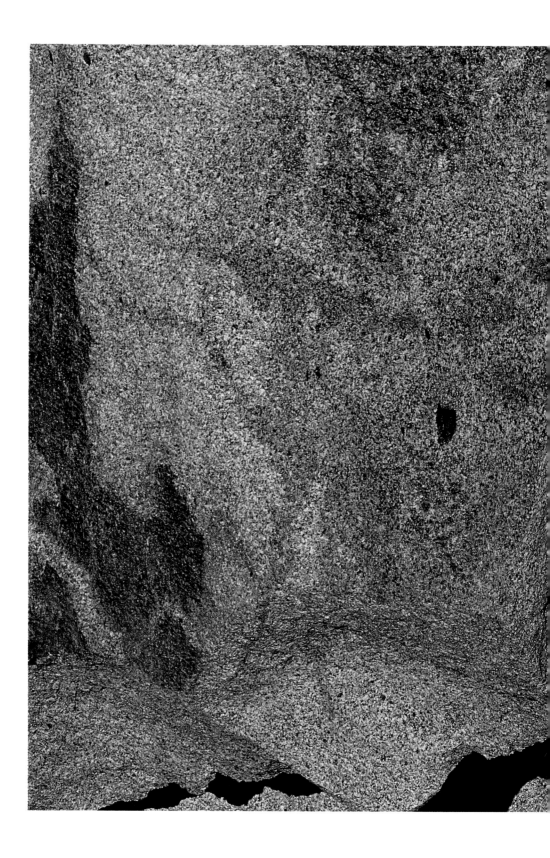

Escalade
de fissure
à l'aide
de coincements
de doigts
dans le massif
du Mont-Blanc.

Sale ambiance. Je n'ai plus du tout envie d'y aller, mais Pierre ne cède pas.

Midi : nous arrivons au bloc coincé. Juste le temps de manger un mars et nous repartons. Le dièdre de 90 mètres, pendule et ô surprise, nous rattrapons et doublons une autre cordée qui a bivouaqué au bloc coincé. Comme d'habitude, je passe en tête pour les doubler. Je jubile, ils semblent écœurés. Ensuite nous rattrapons une cordée de guides. Ces professionnels font carrément la gueule. Nous nous connaissons de vue, mais ils ne me disent pas un mot, même pas un petit bonjour. Je vois bien qu'ils sont secoués car ils passent la vitesse au-dessus... et s'embrouillent dans les manœuvres de cordes... Ils pestent ferme, et pour ne pas compliquer leur délicate tâche, nous prenons tout droit au lieu de sortir par la face nord. C'est le passage le plus dur de la voie, très exposé, sans un clou. Vu la fréquentation nous n'avons pas emporté de coinceurs. Quelques frayeurs et nous atteignons enfin le sommet à quinze heures. Je suis épuisée, je me suis farci tout en tête depuis le bloc coincé. J'ai les bras crispés et douloureux. Pour la descente, pas de problème, nous courons tout du long. Les indications que nous avions étaient très claires, mais tout cela n'est rien comparé à ce que m'a fait subir Pierre en atteignant le refuge de la Charpoua. Je crève de soif, le refuge est gardé et Pierre me déclare, péremptoire : « Hors de question de s'arrêter, on descend tout de suite à Chamonix. » A vingt et une heures, sur la Mer de Glace, nous nous perdons en essayant de récupérer nos affaires de bivouac laissées en haut de la moraine à droite du glacier. Pendant des heures nous errons entre les crevasses. A une heure du matin, en larmes, vidée, je m'assois sur un caillou : « Je ne bouge plus. » Et nous bivouaquons là alors que la glace craque de partout.

Qu'est-ce qui peut bien me pousser à grimper dans toutes ces grandes parois comme une folle ? Mon amour, mon admiration pour Pierre ? La montagne, la beauté du cadre ? L'harmonie de l'escalade ? La joie de vaincre, les efforts soutenus récompensés ? Le bien-être du retour dans la vallée ? Les objectifs toujours différents, toujours nouveaux, toujours de plus en plus difficiles ? L'engagement ? Certainement un peu tout à la fois et tout ce que je ne sais pas.

En tout cas, j'aimais ça à cette époque et j'aime toujours ça. Mais pas de la même façon. Je suis beaucoup plus rigoureuse

J'AIME BIEN L'OISANS, TERRE D'ÉGALITÉ À CAUSE DE L'ABSENCE DE TÉLÉPHÉRIQUE.

sale tronche macho, je saute le relais pour leur en mettre encore plus dans la vue !

J'adore arriver la première au sommet et souvent, pour ne pas rater mon coup, je ruse en sautant les relais.

Le sommet, c'est une jouissance. Je me prépare toujours une gâterie à manger là-haut. Des crêpes, des gâteaux, du chocolat, ou mieux de la crème fraîche que je bats au sommet en chantilly et que je savoure avec de la crème de marrons.

Après ces agapes, nous attaquons la descente, au sens propre. Là, nous sommes les rois ! Nous nous décordons toujours ; c'est encore une loi de Pierre, il vaut mieux en cas de chute tomber seul plutôt que d'entraîner son petit camarade dans l'abîme. Donc pas de corde. Cela me convient très bien, je ne le trouve pas très dégourdi avec ses grandes jambes, il m'énerve, et quand au début nous restions encordés il râlait sans arrêt, trouvant que j'allais trop vite...

Nous arpentons ainsi les Alpes. J'aime bien l'Oisans, terre d'égalité à cause de l'absence de téléphérique. Par contre, pour les glaces, rideau ! C'est l'endroit où j'appelle le plus ma mère. Ce rocher est pourri et je me fais des peurs horribles. A Chamonix, ce qui m'exaspère, c'est de voir la vallée. J'imagine les gens le soir bien au chaud dans leur petit chalet, en train de bouffer un bon petit frichti. Ils en ont de la chance ceux qui dorment sous une bonne couette dans un vrai lit...

Dans la journée, je me dis parfois : « Mais qu'est-ce que tu fous là ? En bas, ils sont confortablement installés au bord de la piscine ou ils se promènent tranquillement dans les vertes prairies, cueillant des fleurs, mangeant même des framboises alors que je suis en train d'en baver. Qui sait d'ailleurs comment ça va se terminer ce coup-ci ? C'est super expo. S'il y en a un qui part, hop, tout le monde en bas. »

Mes plus beaux et aussi mes plus éprouvants souvenirs, la face nord de l'Olan, la face nord d'Ailefroide, et le Dru.

Nous avons grimpé chacune de ces faces en sept heures. Le plus dur, c'est le Dru. Nous sommes partis du bas, de tout en bas. Bivouac tranquille, au pied de la Moraine, au-dessus la Mer de Glace. Premier contretemps, une panne de réveil. Nous démarrons la voie avec deux heures de retard, vers huit heures du matin. Ce n'est pas plus mal car il y a eu des chutes de pierres, un alpiniste blessé et ces lève-tôt ont dû rebrousser chemin.

LE DRU, À QUINZE HEURES JE SUIS AU SOMMET, LES BRAS DOULOUREUX CAR J'AI TOUT FAIT EN TÊTE DEPUIS LE BLOC COINCÉ.

À Saint-
Gervais,
que c'est
romantique :
Lothar et moi,
moi et Lothar…

dans le choix de mes ascensions, beaucoup plus sélective dans les moyens.

Aujourd'hui, je prends les remontées mécaniques quand il y en a, je n'emporte qu'un tout petit sac, je marche et grimpe en short, je dors au refuge et non à cent mètres dehors dans le froid, je pars uniquement par beau temps et non dans la tourmente, et je choisis mon terrain.

C'est fini de grimper sur des tas de cailloux, de guetter les chutes de pierre à tout instant, de tester chaque prise, de frémir tout le long de la voie. Je choisis l'esthétique de la paroi, des lignes d'ascension. Je ne suis plus attirée par le sommet coûte que coûte. Si la voie s'arrête à cent mètres du sommet, je m'y arrête, je ne vais pas au sommet, car de toute façon j'y suis déjà allée au moins une fois.

Je choisis aussi des voies avec des descentes tranquilles. Fini les galères pour trouver les itinéraires de descente. Enfin bref, la montagne douce, uniquement les bons côtés, la difficulté et la beauté, pas la galère. Je n'en bave plus, je n'envie plus les gens dans la vallée, je ne regrette jamais d'être partie, d'être dans la situation où je me trouve.

Malgré tout, lorsque je repense à cette époque où j'ai tant enduré, c'est avec un peu de nostalgie. C'était excitant et cela a duré tout de même quatre ans. Quatre ans à grimper partout, dans tous les coins appropriés de France, de Belgique, d'Angleterre. Durant ces années d'escalade frénétique, il a quand même fallu que je choisisse une orientation dans mes études. J'étais assez fumiste et surtout je n'avais pas la tête à ça, je ne pensais qu'aux vacances, qu'à partir. Je ne consentais à travailler que les maths et la physique parce que cela m'amusait, qu'il ne fallait pas beaucoup apprendre, et surtout parce que les orientations dépendaient uniquement de ces résultats.

J'ai longuement hésité sur les études à suivre, après le bac. Toutes les semaines, je changeais de profession. J'ai envisagé successivement d'être bûcheron, menuisier ébéniste, horticulteur, garde forestier, ingénieur des eaux et forêts, professeur de gymnastique, chercheur en biologie, flûtiste, architecte, maquettiste. Finalement, j'ai choisi d'être kinésithérapeute. Je voulais savoir comment marchaient les muscles, comment je pouvais progresser en escalade, connaître le corps humain. En plus, c'est une profession libérale, je m'organise comme je veux et travaille uniquement si je le veux, et surtout, je pars en vacances dès que l'envie m'en prend. Le rêve quoi ! Et dernier solide argument, des études rapides et pratiques. En effet, à vingt ans, j'avais fini mes études et j'étais kiné.

Mais c'est alors que tout bascule. Je suis libre, je n'ai plus de contrainte scolaire, je peux gagner facilement et rapidement de l'argent, je peux aller grimper quand je veux, où je veux… et je n'ai plus envie de grimper ! Je veux vivre autre chose, fréquenter d'autres milieux, connaître d'autres gens. J'en ai assez des grimpeurs et de leurs histoires de grimpe, les mêmes gens, les mêmes histoires. C'est un très petit monde, affectif et fermé, les commérages vont bon train : « Tu as vu Machin, il a fait la voie en tant de temps… » « Oui, mais c'est parce qu'il a eu de bonnes conditions — ou parce que je ne sais plus quoi. »

C'est mesquin, limité, monotone. Un monde de monomaniaques. En dehors de l'escalade, rares et pauvres sont les sujets de conversation.

J'ai vingt ans, et je suis complètement démotivée. Je décide d'arrêter l'escalade et de prendre du recul. Pour ne pas rompre complètement, je vais une fois tous les deux mois m'oxygéner en forêt et faire de l'exercice, histoire de constater que je ne perds pas vraiment. Je réussis toujours à faire les cinq ou six blocs durs qui me servent de test de forme. Quand j'y vais, je fais à peine une dizaine de blocs, le reste du temps je me promène ou je cours.

Et en effet je m'introduis dans d'autres milieux, au fond pas si différents de celui de l'escalade que je fuis. Ainsi le milieu du jeu. Eh oui, j'ai joué au poker, au baggammon et à bien d'autres. J'ai passé des nuits, des journées entières et encore des nuits à jouer. C'est passionnant, excitant, exténuant, prenant, angoissant. Ma vie entière était prise au piège du jeu. J'ai découvert des facettes de ma personne qui m'ont étonnée : je ne savais pas bluffer, alors que j'avais tant menti à mes parents, tant inventé de scénarios compliqués pour expliquer mon emploi du temps ! Autour d'une table, je suis incapable de mentir sans rougir ou blêmir selon ma position dans le coup à effectuer. Et je passe des nuits enfumées à passer par toutes les couleurs pour finalement la plupart du temps perdre une grosse somme d'argent. A 7 heures du matin je rentre chez moi la tête pleine de cartes et de regrets, je dors une demi-heure, juste le temps de cauchemarder encore un peu et je pars retrouver mon premier malade à 8 h 30.

MA VIE ENTIÈRE ÉTAIT PRISE AU PIÈGE DU JEU. JE ME DÉGOÛTE MAIS IL FAUT QUE JE ME FORCE.

J'égrène la journée comme un zombi, additionnant les malades. Dès que j'ai un trou dans mon horaire, ne serait-ce qu'un quart d'heure, je m'allonge sur une table de massage et plonge immédiatement dans le sommeil. Le coup de sonnette du client suivant me réveille en sursaut, je n'ai plus qu'à sauter sur mes jambes et à enchaîner comme si de rien n'était, suppliant mon corps de tenir le coup. En fin de journée, bizarrement, je vais beaucoup mieux, je commence à me sentir excitée. Sur le chemin du retour, j'envisage d'aller jouer à nouveau pour me refaire de la somme que j'ai perdue la nuit précédente. Chez moi, je n'hésite plus : je vais jouer, je vais gagner. En fait je déraille complètement. Je ne suis plus moi-même. Je ne pense qu'à jouer, toujours dans l'angoisse de ne pas perdre trop, toujours obsédée de me refaire. Je suis fatiguée en permanence, je n'arrive plus à m'occuper de mes malades, à me consacrer à eux, à m'investir comme avant.

Je me sens mal dans ma peau. Toute ramollo. Lorsque je me palpe le visage, j'ai l'impression d'être boursouflée, sous mes doigts ma peau me paraît engourdie. Je ne ressens rien lorsque je me pince. Mes bras, mes jambes n'ont plus de force, je me sens complètement extérieure à mon corps. Ils sont là, ils fonctionnent, je les vois mais ils ne semblent plus m'appartenir, je suis et je me sens une loque boursouflée, j'ai l'impression d'être grosse, et plus cette impression est forte, plus j'ai envie de manger n'importe quoi à n'importe quelle heure. C'est comme si je voulais me détruire encore plus, une sorte de vengeance, de punition pour ce que je suis devenue. Je ne fais même plus attention aux vêtements que j'enfile sans goût. De toute façon, plus rien ne me va. Je me trouve serrée dans tout ! J'ai sans cesse l'impression d'avoir les poumons pris dans un étau. Comme s'ils n'avaient plus d'élasticité. Monter les escaliers de la clinique devient un calvaire. J'arrive en haut essoufflée et il me faut un bon moment pour récupérer. Dès que j'ai une minute devant moi, hop, je m'enfile une cigarette, je me permets même de prendre mes malades avec deux ou trois minutes de retard pour fumer tranquillement. J'en suis à deux ou trois paquets par jour.

C'est l'horreur, un véritable désastre. Je me dégoûte mais il faut que je joue ! Lorsque je perds, je fonce le soir suivant pour essayer de me refaire, et lorsque je gagne je fonce de plus belle pour gagner encore plus. C'est un cercle infernal. Je ne fais absolument rien d'autre si ce n'est m'écrouler devant la

Pieds
en adhérence
dans une fissure
à Fontainebleau.

télévision après le travail et avant d'aller jouer. Je suis descendue bien bas.

Un jour, je me pèse : soixante kilos ! Horreur ! Je ne peux continuer sur cette pente.

Terminé le jeu, fini les nuits blanches, régime et sport. Les premiers temps, c'est un autre genre d'enfer. Je m'impose d'aller courir tous les jours à Vincennes. Je suis dans un état physique lamentable ! Incapable de courir plus d'une ou deux minutes d'affilée, mes jambes sont lourdes, mes pieds ne se lèvent plus et rasent le sol au risque de se prendre dans les racines. Mon corps fait floc-floc, j'ai mal partout. Quelle angoisse ! Jamais je n'y arriverai. Au début, je cours péniblement dix minutes, et je rentre chez moi exténuée et en sueur. Je n'ai même plus la consolation de m'empiffrer : régime sec, ni pain, ni pâtes, ni sucres. Je suis en pleine détresse et n'ai d'autre solution que de me battre. Une lutte intérieure permanente. Très souvent une voix au fond de moi me susurre : « C'est trop dur, arrête donc ! » Et je m'accroche avec l'énergie du désespoir, avec ce qui me reste d'orgueil. Je suis encore plus fatiguée qu'avant, pourtant je dors au moins neuf heures par nuit. Je m'accroche, et lentement j'émerge. Je tiens une demi-heure à la course et au bout de trois semaines je peux y aller deux fois par jour. Le matin, vers 7 heures, avant d'aller travailler, un petit footing, couverte comme un oignon pour bien transpirer pendant vingt minutes. Petit déjeuner léger, un yaourt, une biscotte, du thé sans sucre. A midi, footing à nouveau, trente à quarante minutes, mais moins couverte. Pour le déjeuner, soupe, yaourt ou œuf, salade.

Le footing ne suffit pas, je dois me remuscler, ce qui n'est pas une mince affaire. Gymnastique obligatoire tous les jours pour reconstituer abdominaux, dorsaux, fessiers, bras. Tout mouvement me coûte, et je me fatigue très vite. Je suis tellement lourde et empâtée.

Je commence à reprendre espoir le jour où je perds mon troisième kilo. Enfin des résultats concrets ! Mais le chemin de croix n'est pas terminé et j'ai encore beaucoup à souffrir pour me retrouver réellement en forme. Le combat est moins dur et surtout de petits résultats apparaissent ; les exercices me fatiguent moins, la faim, ou plutôt un besoin boulimique, ne me tiraille plus le ventre, je peux rentrer à nouveau dans certains pantalons. Je remonte la pente non sans une certaine fierté

SOIXANTE KILOS !
TERMINÉ LE JEU,
FINI LES NUITS
BLANCHES ET
LA DESCENTE
AUX ENFERS.

d'avoir su ne pas répondre aux nombreux coups de téléphone de mes partenaires de jeu.

Même si j'émerge de mon tunnel, il me manque quelque chose, et je ne suis pas satisfaite de ma vie. Je travaille, je suis kiné, certes, mais je me vois mal exercer toujours le même métier. Je commence à en avoir fait le tour et malgré une clientèle assez variée, la routine menace. Ce sont toujours les mêmes traitements, les mêmes politesses, les mêmes bavardages. Toute la journée les clients défilent, grincheux, fatigués, parfois puants et sales. Une réalité professionnelle de moins en moins enthousiasmante !

De plus je n'ai pas l'impression d'être efficace et je suis découragée de voir toute l'année les mêmes personnes pour des problèmes de dos. J'ai envie de leur crier : « Mais bougez donc un peu si vous ne voulez pas avoir mal au dos ! » Les massages, ça ce n'est jamais assez long, mais par contre les exercices ! Tout juste s'ils ne m'engueulent pas de leur en faire faire. J'ai beau leur décrire tous les bienfaits d'une bonne petite gymnastique, rien à faire : « Une ou deux fois avec vous, ça suffit, à la maison, de toute façon, je n'ai pas le temps. Devant mon mari, vous n'y pensez pas ! Et j'aurais peur de tout faire de travers. » Mais oui, mais oui, c'est ça, vous avez toujours mal ? C'est bien fait ! J'espère, chers malades, que vous me lisez en ce moment ! Ce n'est pas la peine de soupirer ; et les régimes alimentaires pour perdre un peu de poids, souvenez-vous ! Et les conseils de bonne tenue, etc. Vos douleurs sont pires qu'avant ? Je vous avais pourtant prévenus, j'espère que maintenant, vous allez suivre un peu mieux mes conseils. Enfin, en tout cas, vous ne m'avez pas encouragée dans cette voie professionnelle. J'avais envie de faire d'autres études, ou bien de me spécialiser dans un secteur de la kinésithérapie, le sport, ou encore de me lancer dans des études d'ostéothérapie. J'hésitais, lorsqu'un jour, je reçois un coup de téléphone d'une société privée de production pour la télévision. Elle me propose de participer à un nouveau jeu télévisé nommé *Les énigmes du bout du monde.* Il s'agit de grimper en falaise, dans le Vercors, avec un talky sur la tête et de répondre pendant l'escalade à des questions posées par un animateur.

Cette proposition tombe à pic, je fonce. N'ayant pas grimpé depuis presque trois ans, ce n'est pas tout à fait une partie de plaisir, mais j'ai de beaux restes... Cette première émission a

DES CLIENTS GRINCHEUX ET FATIGUÉS NE SUFFISENT PAS À REMPLIR UNE VIE.

Quel homme !
Lothar
bien sûr.
Nous sommes
ensemble
dans les gorges
du Verdon.

du succès et les producteurs me proposent de partir en Indo-
nésie, à Bali, puis à Singapour pour en faire d'autres.
L'épreuve : courir sur une plage, s'enfoncer dans une grotte
bourrée de chauves-souris, pour aller m'aplatir devant un sage
qui me pose des questions cruciales. C'est peut-être idiot,
mais ça me change du quotidien !

A Singapour, je dois faire du scooter des mers. Là, c'est déjà
plus galère, il y a une tempête et je prends d'énormes vagues
sur la tête. Le beau matériel tout neuf rend l'âme et je vais
m'échouer dans la vase. On fait ce qu'on peut ! Je suis éli-
minée du jeu, mais on m'embauche comme conseiller technique pour toutes les émissions où l'usage de cordes sera
nécessaire. Avec cette formule je peux continuer à voyager et
découvrir les dessous de la télévision, les trucages, les techniques de tournage. J'explore le milieu de la production privée,
différent du cinéma, plus souple que celui de la télévision
publique. Je découvre du pays, des gens différents. J'ai très
envie que cela dure un peu, mais je sens que l'émission se casse
la gueule et je sais bien que ma chance va tourner. Un soir, un
réalisateur de films me téléphone : il veut tourner un film
d'escalade, il veut le faire avec moi. Il m'avait déjà appelée un
an auparavant, mais je n'y avais guère prêté attention ; tous
les ans je reçois plusieurs propositions de ce style, et elles ont
toutes tourné court. Là, c'est plus sérieux, plus précis : le
tournage est prévu pour avril. Cela demande réflexion,
d'autant que Robert Nicod me demande de grimper dans des
voies vraiment pas faciles. Il veut du jamais vu. Obligation
d'être en grande forme, de m'entraîner sérieusement, cela
tombe bien, nous sommes en février, cela veut dire arrêter de
travailler à la fin du mois pour partir m'entraîner sur les lieux
du tournage, dans le Verdon. Après avoir bien pesé le pour et
le contre, je décide de me lancer. J'ai un peu de sous d'avance,
je confie mes malades à une amie et je déguerpis. Le pari ne
sera pas facile à tenir, car mon niveau est vraiment au plus bas
et j'ai accumulé un retard technique énorme par rapport à
l'évolution de l'escalade. En effet, à « mon époque », nous
grimpions tous en tire-clou, mais depuis le jeu a changé :
interdiction de se servir des protections en place, rien que le
corps et le rocher, le règne de « l'escalade libre » a sonné !
Pendant mes années de débauche, le 7a, puis le 7b ont fait leur
apparition dans les chroniques, le top niveau s'est envolé. Il
faut que je m'adapte à ces nouvelles règles : avant je me ruais

sur chaque clou, m'arc-boutant dessus pour attraper le suivant. Maintenant, si je veux être prise au sérieux et ne pas subir d'inévitables quolibets, je dois grimper en « bon style ». Non seulement je dois me refaire des muscles, retrouver des équilibres, réapprendre le vide, je dois aussi corriger mes mauvaises habitudes. J'ai du pain sur la planche !

Le 26 mars 1985, je suis donc partie, ma petite R 5 rouge pleine à craquer, pour mettre le siège dans les gorges du Verdon, pour m'entraîner et pour renaître.

C'est la galère ! J'avais prévu de camper, il fait un froid de canard et au bout de trois jours, je craque. Je suis gelée, impossible de me réchauffer, je ne mange que des saloperies vite préparées, je me sens crevée. Ça commence plutôt mal, jamais je ne tiendrai un mois comme cela ! Je me retrouve désemparée, désenchantée, abandonnée. Chaque matin, je me mets en quête d'un compagnon de cordée et j'ai horreur de ça, j'aime bien grimper avec des gens que je connais, en qui j'ai confiance, et avec qui je peux partager mes émotions. Je n'aime pas m'imposer à quelqu'un, j'ai peur de déranger, d'ennuyer.

J'ai le moral à zéro, d'autant plus que je grimpe comme un pied : j'ai peur ! Je n'ai confiance en rien, je trouve les cordes trop fines, les spits — points scellés d'assurage — trop éloignés les uns des autres et trop petits, le baudrier pas assez solide (je me fais même un double encordement)... Je grimpe comme un escargot fébrile, me faisant des frayeurs à chaque mouvement. C'est un vrai calvaire, je bute dans des 6b ! Je suis complètement bloquée, pétrifiée sur mes prises. Je vis un cauchemar, je me dis : « Tu es complètement folle, qu'est-ce que tu fais là, tu vois bien que tu es nulle et ce n'est pas maintenant et à ton âge que tu vas y arriver, arrête donc ! »

J'hésite, je flotte, indécise, sérieusement perturbée : « Peut-être qu'avec un peu de confort supporterais-je mieux ? Ça vaut quand même le coup d'insister, et je m'installe en demi-pension dans une chambre d'hôtel bien chaude.

Que c'est bon ! Un bain chaud tous les jours, un lit douillet. Et le soir, juste les pieds à glisser sous la table pour manger. La méthode est bonne, je me détends, je n'ai plus qu'à me concentrer sur l'escalade. Après tout, je suis là pour ça. Je règle mon emploi du temps : réveil à 8 heures, escalade de 9 heures à 16 heures en buvant du Coca-cola, thé et petits gâteaux à 16 heures. Puis de retour à l'hôtel, je fais quelques

En vacances
au Kenya
avec mon amie
Christine Janin.
Nous nous
sommes
envolées telles
deux libellules
du sommet du
Kilimandjaro.

tractions lestées à la barre ; j'ai emmené tout un matériel, une barre et des poids, pour m'achever en fin de journée. A 18 heures, je prends un bain chaud en lisant ; à 19 h 30, je dîne ; à 20 heures je plonge dans le sommeil, effondrée de fatigue.

Petit à petit, les progrès apparaissent. Au bout de dix jours, je réussis à faire quelques 6c, puis un 7a cinq jours après. Je commence à retrouver goût à la vie, à m'amuser. J'aime à nouveau l'escalade. Un ami de Paris, Alain, m'a rejointe et je peux enfin grimper avec quelqu'un en qui j'ai toute confiance, parler des passages d'escalade, partager mes émotions. Je n'ai plus qu'un seul souci, vais-je être capable de faire le bombé de Pichenibule, coté 7b/c, que Robert veut absolument filmer ? Je suis allée faire un petit tour dedans. Je ne trouve pas les prises et le passage est excessivement aérien et impressionnant. Je me vois mal franchir ce passage avec décontraction alors que, pendue à une corde, je n'arrive pas à déchiffrer ce rébus et que j'appelle ma mère !

Je m'entraîne avec acharnement pendant un mois et demi. Et je ne craque pas, ce dont je suis assez fière. Le soir, dans ma petite chambre d'hôtel, je me sens parfois bien seule. A cette époque, il n'y a pas grand monde dans les gorges du Verdon et je suis souvent l'unique cliente. C'est assez sinistre de se retrouver toute seule à la table pour dîner le soir. Je suis perpétuellement inquiète, ce n'est pas gagné, je progresse mais le pari n'est-il pas trop dur ? Pour un film, il faut non seulement savoir grimper, mais en plus, il faut grimper vite et enchaîner, pour l'esthétique de l'image. Robert m'a précisé son scénario et les voies qu'il veut filmer : le passage le plus facile est du 6b/c ! Chaque jour, je travaille un des passages prévus. Les jours de grand froid et de vent, c'est un vrai labeur. J'y vais quand même, recommence, persuadée qu'à force ça finira bien par rentrer.

C'est le bombé de Pichenibule qui m'a posé le plus de problèmes. Je n'y arrive pas, à chaque fois je tombe. Cela m'obsède et toutes les nuits je me passe et repasse les mouvements du passage dans la tête. Pied gauche en externe sur le graton, pied droit en pointe dans la fissure évasée. Main droite sur la réglette et hop, jeté de main gauche sur l'à-plat. Puis, hop, main droite à côté, on regroupe les pieds dessous, on pousse. Tridoigt main droite et main gauche dans le trou. Ouf ! Mousquetonner et souffler. Et chaque nuit, je me retrouve dans le même passage, le cauchemar. Un jour, miracle, je réussis ! Quelle joie ! Je saute, je crie, j'ai gagné mon pari ! Plus rien à faire ici, je rentre à Paris le soir même. Ras le bol du Verdon, de cet hôtel, de cet emploi du temps austère, de cette tension. Durant tout le voyage je chante, il y a longtemps que je n'ai pas été aussi contente et épanouie.

A Paris, je règle les derniers problèmes en cours avec les malades, je cours partout pour me trouver une tenue d'escalade pour le film. Pas facile : les maillots de bain commencent à peine à faire leur apparition dans les magasins, il n'y a pas beaucoup de choix. Le fabricant de corde Michel Béal me fabrique une corde rose fluo superbe, il faut assortir ma tenue à cette couleur éclatante. Je cherche donc un maillot dans les tons roses, échancré dans le dos, pour affiner un peu ma ligne encore un peu costaude. Dans toute cette opération, je me demande si ce n'est pas la recherche du bon maillot dans tout Paris qui m'a le plus fatiguée ! C'est éreintant d'enfiler une centaine de maillots par jour, de vérifier son image autant de fois, de ne rien laisser passer. Et il y a toujours quelque chose qui cloche, soit des bretelles trop fines, je lève les bras et hop, les seins par-dessus le maillot ; soit le buste trop finement découpé et au bout de deux ou trois mouvements, hop, les seins sur les côtés ; ou bien le maillot me va parfaitement mais les rayures sont horizontales, c'est mauvais pour la silhouette, etc. Et les vendeuses qui deviennent odieuses, exaspérées par cette cliente chipoteuse et gigoteuse. Enfin, j'en trouve un qui me va. Tout, le haut, les bretelles, la matière, la couleur. Tout, sauf que c'est un string, une ficelle dans les fesses : un peu osé pour mon premier film... ! J'en ai marre de courir les magasins, le haut est parfait, je mettrai un short pour cacher la petite ficelle coquine...

L'échéance du tournage approche et toute l'équipe se réunit à Paris avant de partir pour les gorges du Verdon. Nous ne sommes pas très nombreux, cinq au total, j'aime autant ça. Il y a Philippe, le preneur de son, Patrick, le photographe, Robert, le réalisateur cameraman, Joël, l'assistant de tout ce petit monde, et moi. Ne manque que Monique, ma partenaire en escalade. Je ne l'ai jamais vue, si ce n'est en photo. Cela me chagrine un peu, pourvu que je ne tombe pas sur une fille insupportable, j'ai un sale caractère et quand je n'aime pas tellement quelqu'un, j'ai du mal à me contrôler. Pourvu qu'elle ne se prenne pas au sérieux... A notre première

C'EST LA RECHERCHE DU BON MAILLOT QUI M'A LE PLUS FATIGUÉE.

Deux styles différents : le rocher lichéneux du Kenya (4 200 m) et les dalles pures du Verdon (à droite).

rencontre, dans le Verdon, mes craintes s'envolent et rapidement nous devenons complices.

Les premiers jours de tournage, j'apprends, je découvre les uns et les autres. Philippe, chargé de prendre le son, n'a jamais exercé ce métier : il est infirmier ; Robert, le réalisateur cameraman, n'a que deux expériences d'assistant cameraman sur des tournages d'une durée de trois jours chacun ; Patrick le photographe n'est jamais allé en paroi et n'a jamais fait de photos d'escalade ; Monique n'a pas grimpé depuis six mois. Un peu étonnant et inquiétant. Le premier jour, ils lisent les notices pour l'emploi du matériel cinéma et son ! Ça discute ferme pour savoir si c'est bien ainsi qu'il faut placer le film dans la caméra... De toute façon, il n'y a rien d'autre à faire. Le temps est mauvais, nous tournons dans nos chambres, observant et tripotant tout ce matériel bizarre, caméras, objectifs, micros, pare-soleil, sac à noir... Quand chacun a réussi à compter ses appareils, nous abordons les séances pratiques en paroi. Robert Nicod a l'habitude de travailler en paroi et il est d'une rapidité incroyable pour s'installer. C'est lui qui a inventé la « chèvre ». Ne faites pas comme moi : au début, lorsqu'il me parlait de chèvre pour le film, je m'imaginais qu'il allait installer des biquettes sur les vires dans la paroi... La chèvre dont il me parlait est un système très ingénieux composé de deux mâts de planche à voile qui permet d'écarter la caméra de la paroi pour obtenir une vue d'ensemble et d'avoir une grande présence à l'image. C'est vertigineux et j'avoue que je n'aimerais pas être à sa place car il se trouve vraiment en plein vide. Pour lui, pas de problème, il maîtrise parfaitement la situation.

Philippe, le preneur de son, étant lui-même grimpeur, sait s'installer tout seul. Un petit problème tout de même, il ne sait pas toujours bien se placer par rapport à la caméra et le micro est souvent dans le champ.

Par contre, pour le photographe, c'est une tout autre histoire. Il faut d'abord une bonne demi-journée pour lui enfiler le baudrier. Il n'est jamais bien, les parties sensibles de Monsieur sont toujours menacées et il faut trouver d'ingénieux et compliqués réglages pour y arriver. Parfois, nous entendons Patrick hurler de douleur en pleine paroi ! Ensuite nous lui apprenons à descendre en rappel en s'auto-assurant, à s'attacher au relais, à remonter au jumar. Le pauvre, je crois qu'il s'en souviendra toute sa vie.

Pour apprendre ce genre de manœuvre, les gorges du Verdon ne sont pas vraiment idéales. C'est l'endroit le plus impressionnant que je connaisse. Les falaises sont lisses et verticales et tout en bas le torrent serpente. Il se donne beaucoup de mal à essayer de surmonter sa peur, et n'écoute pas vraiment bien ce que nous lui disons. Il fonce sans se préoccuper réellement de la sécurité, ou bien effectue les bons gestes, mais pas dans le bon ordre.

Plusieurs fois en pleine prise de vue, nous entendons Patrick lancer des cris de détresse : « Robert, Robert, qu'est-ce que je fais maintenant ? » Une fois, lors d'une prise, je me retrouve à côté de lui. Effarant : il est en équilibre sur une toute petite marche, les appareils photos sur le ventre (il en a quatre et il ne peut plus voir ses pieds), sans corde ! Il a lâché celle sur laquelle il est et n'est donc plus assuré ! C'est un miracle que nous n'ayons pas vu passer notre Patrick en chute libre. Ce jour-là, je crois quand même qu'il a pris conscience du danger, et par la suite, il nous appelle à tout bout de champ pour qu'on l'accroche, pour qu'on le décroche, pour qu'on vérifie ses nœuds, etc. A la fin de la journée, il est toujours le premier à déguerpir, ne reprenant des couleurs et une voix normale que le soir à l'hôtel autour de la table.

En paroi, il nous épuise... Sans arrêt des questions, ou bien les clic-clac en rafales de ses appareils. Pour le son synchrone, c'est gênant !

ROBERT A PRÉVU QUINZE JOURS DE TOURNAGE, MAIS COMME IL PLEUT NOUS DÉCIDONS D'ARRÊTER.

Robert a prévu quinze jours de tournage, mais comme il pleut presque tout le temps, nous décidons d'arrêter et de reprendre en juin en priant le ciel d'être un peu plus clément.

Un mois plus tard, rebelote, nous nous retrouvons tous au labeur. Presque tous, car notre photographe a craqué et nous avons changé le preneur de son : l'infirmier avait des examens à passer.

Merveille, il fait beau ! Malheur, il fait froid ! Il faut tourner à l'ombre pour éviter que la chèvre ne se reflète sur la paroi et l'ombre n'est là qu'en fin d'après-midi. Mille mètres d'altitude, en fin d'après-midi, en maillot de bain, il fait frais, très frais ! La pauvre Monique serre les dents en m'assurant au relais. Il n'y a qu'une caméra et nous sommes souvent obligés de refaire la prise plusieurs fois.

Au début, elle supporte sans rien dire, mais à la longue, son abnégation s'émousse. Elle est crevée, elle maigrit à vue d'œil et paraît angoissée en permanence. Son copain est parti à

l'étranger et elle n'a pas de nouvelles. Notre boulot « d'actrice grimpeuse » n'est pas facile et demande beaucoup de concentration. En fin de tournage, elle n'a plus du tout la tête sur les épaules. En fait, Monique est amoureuse ! Et moi aussi... Mais nous ne réagissons pas de la même manière. Elle est complètement chamboulée, moi cela me met en superforme ! J'ai un avantage énorme sur elle : « il » est là, qu'importe si je dois refaire sept fois d'affilée le grand toit du « Mandarin merveilleux », il est venu et nos nuits sont lumineuses. Le prince charmant se nomme Lothar. C'est le plus beau, le plus fort, le plus intelligent... et depuis nous ne nous sommes jamais quittés. C'est un alpiniste expérimenté ; il vient de passer deux mois en mer sur un bateau, il est tout bronzé... Vive la vie !

La fin du tournage approche maintenant et les questions s'imposent : que vais-je faire ensuite ? Cette histoire de cœur est-elle vraiment sérieuse ? Et mon travail ? Mes malades ? Où en suis-je ? J'ai décidé de rester trois jours seule pour réfléchir. Très paumée, je joue, ou tout au moins feins de jouer à la roulette russe. Je grimpe en solo n'importe comment, n'importe où, en me disant « on verra bien ». Ce sont les solos les plus durs de ma vie. Mes problèmes sentimentaux me prennent complètement la tête. A Paris je ne vis pas seule, le virage n'est pas facile. En fait les jeux sont faits, je vais rejoindre Lothar à Chamonix, m'accordant encore quelques jours de vacances avant d'aller retrouver mes malades et mon travail à Paris.

Ces quelques jours passés avec Lothar chamboulent complètement mes projets, ou plutôt accélèrent les choses. Je comptais rentrer à Paris faire mes remplacements de kiné tout l'été et, une fois le film sorti, essayer de trouver des boulots de cascade dans des films, et peut-être même faire l'Ecole du cirque. Lothar ne semble pas enthousiasmé par mes projets. Il me conseille de continuer à grimper et d'aller à la première compétition d'escalade organisée en Italie qui doit avoir lieu dans huit jours. Mais qu'est-ce qu'il me chante là ! Compétition ! J'ai toujours dit que j'étais contre l'organisation des compétitions en escalade. Non mais, il m'a bien regardée ? Compétition !

Mais il est rusé et s'y prend habilement. Il m'explique qu'il n'y a que les idiots qui ne changent pas d'avis et que ce n'est qu'en y allant que je pourrai me rendre compte. Peut-être a-t-il

Dans le bombé de Pichenibule dans les gorges du Verdon lors du tournage du film *E pericoloso sporgesi*

raison ? Et il ajoute : « En plus tu vas gagner, c'est un bon moyen de te faire connaître et de promotionner le film. » Là, je ne suis plus du tout d'accord. Qu'est-ce qu'il en sait si je vais gagner ? C'est bien peu probable, je ne regrimpe pas depuis longtemps et je suppose que les autres filles ont progressé ! Il suffit de tellement peu de chose pour perdre, un pied qui ripe, un peu de nervosité et c'est fini !

Cette décision est difficile à prendre. J'ai signé un manifeste contre la compétition qui a été publié et je serais la première à y participer ! L'escalade est jusqu'alors un des rares sports sans compétitions organisées et en signant ce papier, nous avons essayé d'arrêter ou de freiner ce mouvement. Les dix-neuf signataires sont tous des grimpeurs de haut niveau, parmi les meilleurs du moment, et je soupçonne certains de préférer le flou des rumeurs — il paraît qu'Untel, etc. — à l'indiscutable rigueur d'un classement. Le milieu enfante des réputations, la compétition sanctionne des gagnants et des perdants, les règles de fonctionnement ne seront plus du tout les mêmes. Les grimpeurs vont cesser d'être des marginaux et la course aux sponsors va devenir féroce. Plus question de faire parler de soi en réalisant ou en ouvrant des voies extrêmement dures, il faudra gagner la compétition le jour J. L'approche est différente : avant, lorsqu'on ratait une voie, personne ne le savait, le public n'était au courant que des réussites. Aïe, aïe, aïe, ça fait mal de montrer au grand jour un échec. Et en compétition il n'y a qu'un vainqueur ! Notre première réaction est protectionniste : nous ne voulons pas de compétition pour préserver nos jeux et nos privilèges. Les petits paragraphes sur la surfréquentation des sites en période de compétition ne sont que de faux prétextes (cela n'engage que moi).

A force de réfléchir je m'aperçois que le véritable argument est beaucoup plus intime. J'ai peur de perdre et si je n'y vais pas je ne suis qu'une dégonflée ! « Allez ma vieille, ça te fera du bien de te faire secouer les plumes, les compétitions sont nées, et si tu veux exister en escalade, il faut prendre le mouvement en route ! »

Le lendemain, je poste mon inscription. Ce geste me coûte car il m'engage.

Plus que cinq jours avant l'épreuve et je n'ai pas vraiment l'esprit serein. Je suis encore toute retournée par ce qui m'arrive ; on ne tire pas un trait sur son passé du jour au lendemain. Cette rupture avec ma vie sentimentale parisienne me brise le cœur. Je n'arrive pas encore à comprendre pourquoi tous ces brusques changements. Que m'est-il arrivé ? C'est déchirant. J'ai le cafard, je pleure parfois sans savoir exactement pourquoi. Tout s'embrouille un peu.

Mais il faut que je prenne la vie au présent et maintenant je dois affronter cette compétition. Je n'arrive pas à croire que je me suis vraiment inscrite et pourtant nous voilà sur la route, dans le minibus pour aller en Italie, à Bardonecchia. C'est fou. Qu'est-ce qui m'a pris ?

En Italie, l'événement a l'air très important, je n'en reviens pas. Partout des affiches et des calicots annoncent la compétition. Nous arrivons dans cette fameuse vallée de la Paroi des Militaires, à cheval sur la frontière italienne et française. Quelle organisation ! Des banderoles pour guider les gens, des chapiteaux énormes plantés dans une prairie, des tentes tout autour, bien alignées, avec des numéros, d'énormes camions recouverts de pubs, des bennes à ordures et même près du torrent des douches et des toilettes. De grandes bandes de scotch rouge, jaune, vert, rayent la paroi en tous sens. Cela est vraiment impressionnant. Au premier abord on pense à un cirque de plein air.

Je regarde tout ça d'un air complètement ahuri lorsque soudain une tête, le sourire jusqu'aux oreilles, passe par la fenêtre de ma portière.

— Salut Catherine ! Alors, on vient voir ? Il y a longtemps qu'on ne t'avait pas vue !

Et merde ! Ça commence : je suis repérée. J'ai presque failli être grossière. Tout le milieu grimpeur, ceux de « la haute », s'était empressé de m'enterrer, et comme j'ai fait une rentrée très discrète, très peu de gens sont au courant. J'ai soigneusement évité les contacts, cela m'agace profondément de devoir raconter où j'en suis et ce que je fais. Il tombe vraiment mal celui-là ! Un grognement, une ébauche de sourire, et je supplie Lothar de conduire plus vite et de quitter ces lieux qui me sont insupportables. Tout le long du chemin ce ne sont que des visages connus. C'est stupéfiant, malgré mes années d'absence des stades de grimpe, on prend les mêmes et on recommence ! Je n'ai absolument aucune envie de renouer les fils et ma rentrée dans le milieu de l'escalade commence plutôt mal !

"**C**atherine
Destivelle
sacrée
championne
du monde
d'escalade
en solo
à mains nues'',
dixit
un journaliste.

J'envoie Lothar consulter les tableaux d'affichage ; je ne passe que dans quatre jours. Je me vois très mal mariner dans cette atmosphère et nous décidons d'aller à côté de Briançon pour grimper un peu. Avec toutes ces histoires, je n'ai pas grimpé depuis plus de trois semaines et je suis sûre que j'ai un peu regrossi.

Sur la falaise du Pouit j'inaugure le style « grand ménage ». Nous commençons à un bout et faisons systématiquement toutes les voies jusqu'à l'autre bout. Cela nous prend deux jours, plus chaque soir un footing de vingt à trente minutes. Ma théorie : grimper le plus possible jusqu'à épuisement total pendant deux jours, un jour de repos et après, la superforme. Pour l'alimentation, diète durant les deux jours de grimpe ; le jour de repos, le plein d'énergie. La veille de la compétition, nous nous offrons le restaurant en Italie. J'adore les pâtes à l'italienne et je m'en gave littéralement avant de finir par une énorme glace. C'est si bon de pouvoir manger sans avoir de problèmes de conscience...

Le plus dur reste à faire : affronter le cirque de la grimpe. Nous avons repéré un endroit tranquille pour installer le bus où nous vivons, car il est hors de question d'aller se parquer dans les tentes. Jusque-là, tout va bien, j'ai presque oublié la raison de ma présence ici. Je me vois déjà installée dans le bel endroit que nous avons découvert, une jolie clairière d'herbe verte au bord du torrent et invisible du chemin. Mais à peine le bus est-il engagé sur le chemin qu'à la lueur des phares nous découvrons avec horreur des guitounes plantées partout, d'énormes camping-cars serrés les uns contre les autres, des gens bivouaquant dans leurs duvets éparpillés partout. Quel toupet ! Tout ce monde à notre place ! Lothar essaye de me calmer et me promet de trouver un coin encore plus joli. Nous tournons une heure dans la nuit pour trouver un autre emplacement. Notre nouveau repaire est supportable, peut-être moins discret, mais à proximité du torrent, donc de l'eau. Pour moi, c'est indispensable, je grimpe mal lorsque j'ai la tête sale, je suis donc obligée de me laver les cheveux presque chaque fois que je vais grimper. Cela vous fait peut-être rire, mais moi, ça ne me fait pas rire du tout. Avez-vous déjà essayé de vous laver la tête dans un torrent à sept heures du matin ? Avez-vous déjà eu la tête prise dans un étau ?

Huit heures du matin, me voilà la tête propre devant la tente d'accueil pour signaler ma présence. A l'annonce de mon nom, tous les yeux rivés sur les paperasses se braquent sur moi. Je ne sais plus où me mettre, ils me dévisagent des pieds à la tête et s'empressent de me serrer la paluche tout en me remerciant chaleureusement d'être venue. Confuse, je bredouille quelques mots : où donc ai-je mis les pieds ?

Ils enregistrent mon inscription puis m'indiquent mes heures de passage et mon numéro. Surprise ! Je passe demain. Il y a tellement peu de filles que les qualifications préalables sont annulées. Je suis un peu déçue, je me suis préparée psychologiquement pour aujourd'hui ; je me suis gavée hier pour rien. Tant pis, j'irai observer la compétition des garçons.

Il est tôt et il n'y a pas encore grand monde. Nous décidons de garer le bus et de nous promener au pied de la falaise pour voir à quoi ça ressemble. A peine franchissons-nous les banderoles derrière lesquelles doivent rester les spectateurs que deux gars chargés de l'organisation nous tombent dessus. Ils sont chargés de la surveillance de la falaise et nous font savoir qu'il est interdit de grimper ces jours-ci car une compétition y est organisée. Merci du renseignement, nous n'étions pas au courant, et là-dessus, nous leur posons des questions sur l'organisation en nous gardant bien de dire que je participe. Cela fait quinze jours qu'ils travaillent sur la falaise et la surveillent jour et nuit pour que personne ne grimpe dans les voies spécialement équipées pour l'occasion. Ils nous racontent leurs soucis, la falaise est un peu délitée par endroits et il a fallu la nettoyer pour éviter les chutes de pierres. Il y a cinq voies ouvertes spécialement pour la manifestation. Chaque voie représente un certain niveau de difficulté. Filles et garçons auront deux voies communes : une en 6c et une en 7a. La voie de la finale des garçons est cotée 7b et celle des filles 7a. Dans le classement entrent en jeu la vitesse, le style et la difficulté.

Après avoir remercié chaudement ces aimables messieurs, nous nous fondons dans la foule des spectateurs qui commencent à arriver. Je me fais toute petite, cette ambiance de kermesse ne me mettant pas vraiment à l'aise. Heureusement, je ne me suis pas déguisée en grimpeur branché look collant fluo et passe donc totalement inaperçue. Je me mets en arrière de la foule, recroquevillée sur moi-même dans un amas de rochers, une paire de jumelle sur les yeux.

Et je passe une lourde journée d'angoisse... Au fur et à mesure du passage des candidats, je deviens de plus en plus

FILLES
ET GARÇONS
AURONT DEUX
VOIES COMMUNES ;
UNE EN 6C
ET UNE EN 7A.

Mystère
au Mali :
comment
des hommes
2 000 ans
avant J.-C.
ont-ils pu
grimper
en pleine paroi
et y installer
leurs
habitations.
Certains endroits
sont
inaccessibles
sans corde.

blême, un nœud à la place de l'estomac. Pour chaque nouveau grimpeur, mon cœur subitement s'accélère autant pour lui que pour moi car je me mets à sa place, je m'imagine dans la même situation. J'ai de moins en moins envie de concourir, tout ce monde qui regarde, qui applaudit, qui juge ! Quelle horreur ! Saurai-je encore grimper avec tout ça ?

Certains semblent paniquer complètement. Ils grimpent fébrilement, maladroitement. D'autres au contraire paraissent très calmes et sûrs d'eux.

Jusqu'à présent presque tous les garçons ont réussi à faire le 6c. J'ai même vu des hommes moins forts que moi passer, cela me remonte un peu le moral. Par contre, avec le 7a, c'est une tout autre paire de manches, plusieurs forts grimpeurs cherchent longtemps la solution, et beaucoup tombent tout en haut.

Avec mes jumelles, j'essaie de voir les prises, mais rien à faire, c'est trop loin et, de toute façon, étant plus petite je ne peux faire les mêmes mouvements.

Quel flip ! Et dire que demain ce sera à mon tour de faire le guignol devant ces badauds. Le dernier concurrent de la journée va passer. Houlala, vite ! Il faut plier les gaules avant les autres, sinon je vais devoir faire risette à toutes les têtes connues !

Ouf ! Nous voilà loin de tout ça, isolés dans la montagne. Je suis complètement verte à l'idée de ce qui m'attend demain. Je reste noyée dans mes pensées, incapable de réagir, de prendre une quelconque initiative. Gentiment, Lothar, sans un mot, s'affaire fébrilement autour des casseroles pour préparer le dîner. J'essaye de me remettre de mes émotions de la journée et décide de préparer mon sac pour affronter l'épreuve. En fait de sac, j'ai juste mon baudrier et mes chaussures à prendre. Quel souci ces chaussures ! Elles sont usées jusqu'à la corde et le maigre petit bout de semelle qui reste se décolle. Je pourrais grimper avec des chaussures neuves, mais il faut une période d'accoutumance et je n'ai pas le temps.

A ma grande surprise, la nuit est bonne. Au matin, pétrifiée de peur, je me présente à la première épreuve : la vitesse. Comme un zombi, je me laisse épingler un dossard, je m'encorde et au signal je fonce plus que je ne grimpe. Sans réfléchir, en automatique. Je suis tellement surprise d'arriver si vite en haut que j'en oublie d'appuyer sur le bouton rouge pour arrêter le chronomètre. Tout le monde hurle. D'après les réactions, j'ai dû faire un bon temps.

Epreuve suivante, la difficulté. D'abord le 6b. Ça n'a pas l'air sévère. Les filles qui en descendent sont dilatées de bonheur : ça a marché pour elles. Pour cette épreuve, les spectateurs sont venus par centaines. C'est impressionnant. Ils suivent attentivement chaque grimpeur, l'encourageant quand il donne des signes de faiblesse, l'applaudissant dès qu'il mousquetonne un piton. Quand il arrive au sommet, c'est le délire. Dans deux minutes, c'est mon tour. Je suis de plus en plus fébrile, je dois me concentrer pour faire des gestes ordonnés. Vite, il faut que je passe le baudrier. Quelle horreur, je ne sais plus le mettre, je le tourne dans tous les sens. Saloperie de baudrier tout emmêlé, me faire ça à moi ce jour-là, devant tout le monde. Finalement, j'arrive à enfiler les jambes dans le cuissard. Pas de pot : à l'envers. Vite, dégage-toi de ce machin-là rapidement avant que tout le monde le remarque. Au fond de moi je jure tout ce que je sais. Quels sont les cons qui ont pu fabriquer des engins pareils, conne de compet, con de public. Tout en maugréant et en traitant tout le monde de con, je m'emberlificote les jambes de plus belle jusqu'à ne plus pouvoir les bouger du tout et finis par m'étaler de tout mon long dans les éboulis ! Bravo. Difficile de faire mieux pour se faire remarquer. Pour ne pas perdre la face, j'adresse une ébauche de sourire aux gens qui m'entourent.

Je respire un bon coup et tente de me calmer. Sagement assise, je dispose méthodiquement ce maudit appareil sur le sol, pose chaque pied dans les trous prévus à cet effet, et boucle le tout. Prudemment, je me relève quand on annonce mon passage. Reste plus qu'à m'encorder. Je tremble, je m'embrouille et c'est le gars qui m'assure qui finit par faire mon nœud en riant aux éclats. Moi, ça ne me fait pas rire du tout. Si je pouvais m'enfoncer deux mètres sous terre !

Le départ est donné, je pars comme une flèche. C'est vraiment très facile et mon assureur m'engueule presque, me criant : « Mais ce n'est pas une course de vitesse ! »

Deuxième voie, 6c. Malgré les avertissements, je grimpe encore trop vite et je me trompe d'itinéraire ! Je dois redescendre un mètre, mais je termine à l'aise. Reste le 7a de la finale.

Pour le moment, aucune fille n'a réussi. Les deux voies précédentes m'ont calmée, me redonnant un peu d'assurance !

DANS DEUX MINUTES, C'EST MON TOUR. JE SUIS DE PLUS EN PLUS FÉBRILE.

Les Dogons
n'ont pas
confiance
dans nos cordes
trop petites
et trop lisses.
Ils tressent
les leurs
en fibres
de baobab.

C'est mon tour. Je décide de m'appliquer pour lacer mes chaussures et faire mon nœud d'encordement ; tout marche à merveille.

Top de départ. Je grimpe comme un automate, régulièrement, sans aucune hésitation. A chaque mousquetonnage, la foule est en délire. Je passe le bombé où beaucoup sont tombés. Super, c'est fini. Fais gaffe, un mètre ou deux, reste concentrée. Et hop, j'attrape la chaîne de fin de voie. La foule hurle, applaudit et lorsque je redescends tous les photographes se précipitent sur moi. Tout juste s'ils me laissent la place d'enlever mes chaussures. Je suis contente, mais je n'ai qu'une envie : partir au plus vite de là. Le gars qui m'assurait me dit que j'ai été la plus rapide garçons et filles confondus. Juste après moi, une Italienne réussit à son tour la voie. Nous sommes les deux seules filles à l'avoir faite intégralement.

Il me reste à subir encore deux épreuves, la remise des prix et les questions des journalistes qui me sautent dessus à propos du manifeste des dix-neuf. Ma franchise leur coupe l'herbe sous le pied et ils ne sont pas trop méchants.

Mais une chose est sûre, l'ambiance de compétition ne me convient pas du tout et, actuellement, si je vais à une ou deux compétitions par an, c'est uniquement pour éviter les commérages sur mon compte. J'ai une situation très enviable et jalousée, il faut donc qu'à un moment ou à un autre j'aille me montrer en action et si possible en bonne place. Un jour ou l'autre, je perdrai, beaucoup n'attendent que ça ! C'est très excitant de voir perdre le favori...

Pour cette première compétition, j'ai rempli mon contrat et nous décidons de passer l'été en montagne. D'abord à Chamonix, puis dans les Dolomites. Je suis ravie de retourner en montagne, à mes premières amours.

Et le 13 juillet, tout contents, nous voilà dans le petit train du Montenvert, petit sac léger sur le dos, prêts à affronter la foule du refuge et les parois de l'Envers-des-Aiguilles.

Au matin du 14 juillet, grand beau temps. Le ciel est tout bleu, pas un nuage. 8 heures, nous partons du refuge à l'assaut de la voie Pyramide dont le départ se situe à cinq minutes de là (pas trop dure la marche d'approche !). Je me sens en très grande forme et j'ai envie de grimper. Je suis tout excitée à la vue de ces parois de granit chauffées au soleil. Je fonce dans la neige pour arriver vite au pied de la paroi, Lothar juste derrière moi. A cinq mètres du rocher, je m'arrête pour admirer la face et deviner l'itinéraire. Lothar me rejoint et me dit : « Viens, nous allons changer nos chaussures un peu en contrebas. » En moi-même, je pense : « Pourquoi dans la neige alors qu'il y a une belle terrasse rocheuse au soleil, au pied de la paroi ? » Sans me poser plus de questions, je fonce vers la plate-forme. Au moment d'enjamber le trou entre le glacier et le rocher, la neige s'effondre sous moi et tout se passera alors très vite. Je réalise que j'ai fait une énorme bêtise : j'ai oublié que j'étais sur un glacier ! Tout le monde sait qu'entre le glacier et le rocher, il y a une rimaye. C'est en fait un trou qui peut être bouché suivant la saison, ou bien atteindre jusqu'à deux cents mètres de profondeur à certains endroits.

Au moment de comprendre mon erreur, je me dis : « J'espère que ce n'est pas trop profond. » Et je me vois déjà en train de remonter mine de rien pour que Lothar ne se doute de rien… Malheureusement, le trou est très profond et je perds connaissance. Je ne sais à quel moment, peut-être lorsque j'ai perçu que le trou n'en finissait pas ou bien sous l'impact de la chute. Imaginez le pauvre Lothar se retrouvant tout d'un coup tout seul. Il a juste entendu un « wouf », car je n'ai pas crié pour qu'il ne s'aperçoive pas de ma bêtise. Toujours est-il qu'il comprend vite ce qui se passe. Il appelle : pas de réponse. Il regarde au fond : rien que du noir.

Il faut agir très vite, car un blessé dans une crevasse se refroidit très rapidement. Vite, les cordes pour descendre. Comble de malchance, elles sont dans mon sac à dos. Heureusement, une cordée est dans les parages. Ils ont déjà gravi une longueur et redescendent en quatrième vitesse pour aider Lothar.

Pour lui, cela doit être le moment le plus angoissant. Il descend toujours plus bas dans ce trou tout noir qui n'en finit pas. Il a beau appeler, aucune réponse, rien que du noir.

J'imagine qu'au fur et à mesure qu'il découvre la profondeur du trou, il doit me croire morte. Ce n'est qu'en atteignant le fond, et mieux habitué à l'obscurité, qu'il aperçoit une tache rouge dans la neige, c'est mon pantalon. Il ne voit que mes jambes, le reste de mon corps plongeant tout droit vers un prolongement du trou. Avec beaucoup de difficultés, il essaye de me dégager.

En me tirant par les jambes, il déclenche une telle douleur qu'elle me réveille. Je crois que s'il n'était pas descendu, je me

IL FAUT AGIR TRÈS VITE, CAR UN BLESSÉ DANS UNE CREVASSE SE REFROIDIT TRÈS RAPIDEMENT.

serais endormie pour toujours, engourdie par le froid. Ce n'était pas désagréable, je rêvais, je ne me serais aperçue de rien. La mort n'est finalement peut-être pas si désagréable. Il paraît que je pose plusieurs fois les mêmes questions, je ne m'en souviens absolument pas. Je me rappelle uniquement les dernières. Lothar inlassablement me répète les mêmes réponses. « Qu'est-ce que je fais là ? Où suis-je ? Qu'est-ce qui s'est passé ? » Ce sont les mots « Pyramide », « escalade », « Envers-des-Aiguilles », qui me font reprendre conscience. Je me souviens alors de ma bêtise. Maintenant que je suis réveillée, je commence à envisager la remontée de la rimaye. Au premier coup d'œil, cela n'a pas l'air dur ; malgré mes douleurs et le froid, c'est peut-être envisageable. Mais je réfléchis à tout cela avant de procéder à l'inventaire de mon corps.

Lothar, lui, apparemment, veut en savoir plus sur mon état et ne prévoit pas du tout la remontée à ma façon. Il me dit que quelqu'un a appelé les secours et qu'ils ne vont pas tarder à arriver. Je suis à vrai dire soulagée à l'idée que l'hélicoptère va venir me chercher. J'ai été tellement habituée à raisonner sans la possibilité de l'hélico pour nous venir en aide, lorsque j'ai commencé la montagne, que j'avais complètement oublié son existence.

Je passe en revue mon corps, premièrement les mains : les ongles sont arrachés, le petit doigt de la main droite est bien ouvert sur le dessus, ça pisse le sang, mais ça fonctionne, pas de problème mécanique grave. Les bras, les coudes, les épaules, tout va bien. Passons aux jambes : elles bougent, donc je ne suis pas paralysée, la colonne n'a peut-être pas été touchée. J'ai très mal à la cuisse droite, j'essaye de la lever… ça bouge, ce n'est pas cassé. Ouf ! Sinon, c'était trois à quatre mois sans poser le pied par terre. Par contre, j'ai bien peur que le bassin ne soit abîmé. A chaque fois que j'essaye de pousser sur ma jambe droite pour me redresser un peu, cela déclenche une intense douleur. Cela aurait pu être pire, je m'en sors bien. Pour le bassin, si ce n'est pas déplacé, j'en ai pour trois à quatre semaines.

Quel temps perdu, gâché bêtement. Je m'en veux. C'est trop bête de s'esquinter de cette façon. Mon été est fichu et je gâche par-dessus le marché celui de Lothar. Mais m'accuser ne changera rien. C'est vrai que si j'avais suivi ses conseils, je n'en serais pas là. Les douleurs, le froid me ramènent à la

Escalade de fissure dans les aiguilles de Chamonix, lieu de mon accident.

réalité. A présent que j'ai constaté les dégâts et l'irréversibilité de la chose, le froid commence à me préoccuper sérieusement. Malgré les deux pulls que Lothar m'a enfilés, je grelotte et ces tremblements déclenchent des douleurs. Je n'ai qu'une envie, que l'hélico arrive très vite pour me tirer de là et m'emmener à l'hosto.

Les secours arrivent enfin. Un moustachu descend vers nous. Après de rapides salutations, il fait lui aussi l'inventaire de mes fractures. Il soupçonne la colonne. Je rouspète un peu : « Mais non, ça va. » De toute façon, il ne m'écoute pas et fait demander un matelas coquille. Au fond de moi, je prie pour que ma colonne soit intacte. Parce que si la colonne est aussi atteinte, c'est une tout autre histoire. C'est long, et les douleurs sont là à vie.

Il demande aussi une minerve. Là, je trouve qu'il exagère franchement. Ça fait une heure que je tournicote la tête dans tous les sens sans douleur. Je suis sûre que je n'ai rien, mais mon opinion compte pour du beurre et me voilà empaquetée vite fait bien fait. Le câble arrive et je suis enfin hissée au grand jour avec mon sauveteur à moustache, Lothar restant encore au fond, le pauvre ! Il a dû se cailler encore un bon petit moment avant d'être remonté. Bonheur de retrouver la lumière, le soleil bien chaud. La première chose que je vois en sortant, c'est le beau granit et ses lignes pures. J'ai encore envie de grimper, mais je me sens si faible. Il y a beaucoup de monde autour de moi et parmi eux, des têtes aperçues au refuge la veille. Ils font une drôle de gueule : ils ont dû me croire morte car le câble du treuil indique trente-cinq mètres, l'équivalent d'un immeuble de douze étages...

A leur air contrit, je sens qu'ils ne donnent pas cher de ma peau.

Avant de me hisser dans l'hélico, on me propose une piqûre de morphine. Je refuse car je veux rester consciente. J'aime bien savoir ce qu'on me fait.

Dans l'hélico, je pense à Lothar tout seul avec deux sacs à porter pour revenir dans la vallée, mort d'inquiétude à mon sujet. Je ne le connais pas encore très bien, et je suis très contrariée de lui causer tant de soucis. Tout est arrivé à cause de moi, de ma précipitation, de ma négligence. Si seulement je l'avais écouté ! Maintenant, il va falloir guérir et récupérer vite.

Mais que j'ai froid, vite qu'on arrive ! L'hélico se pose, deux blouses blanches s'emparent de mon brancard et m'enfournent dans une camionnette. L'hôpital enfin ! Et les moments les plus douloureux de cet accident.

Ils me mettent sur un chariot roulant très dur, puis me déshabillent pour m'emmener en salle de radio. Chaque mouvement est insupportable. J'avais déjà froid, mais là, c'est bien pire. Nue sur la table, j'attends dans l'angoisse les résultats de la radio : je leur ai dit que j'étais kiné.

Quelques minutes plus tard, le verdict tombe : double fracture du bassin. Je demande si la colonne est touchée. On me répond que j'ai une vieille fracture de la première lombaire. Bizarre ! Une fracture à la colonne sans que je m'en sois aperçue ? Après tout pourquoi pas, avec toutes les chutes que j'ai faites à Fontainebleau, c'est peut-être possible. La cheville gauche qui me fait mal n'a rien non plus.

Je m'en sors plutôt bien. Reste plus qu'à me recoudre le crâne et le petit doigt : seize points de suture pour la tête, trois pour le petit doigt et hop, au lit en salle de réanimation. Ma température est descendue très bas, 35°. Les infirmières sont aux petits soins pour moi, elles me couvrent comme un oignon et disposent des tas de bouillottes chaudes autour de moi. Par contre, j'apprécie moins la perfusion dès mon arrivée dans le lit ; j'ai horreur des piqûres.

Deux ou trois heures plus tard, je vais déjà beaucoup mieux, ma température est redevenue normale et Lothar arrive.

Comme on dit dans la vallée, il a reçu. Son visage est marqué par l'inquiétude et la fatigue, il n'a pas eu le temps de se changer, son tee-shirt est couvert de sang. Pour le rassurer je lui parle de mes fractures et lui dis qu'en principe je serai de nouveau opérationnelle dans un mois. Malgré mon assurance, il semble douter, et me répond gentiment en souriant : « On verra. »

Un problème se pose : faut-il prévenir mes parents tout de suite ou un peu plus tard, lorsque je serai plus présentable ? J'ai peur qu'ils ne l'apprennent par les journaux. Je décide donc de les prévenir moi-même par téléphone, un peu embarrassée pour annoncer la chose. Nous commençons par parler du beau temps puis finalement je leur dis que j'ai eu un petit accident en montagne et que je les appelle de l'hôpital, mais que tout va bien, ce n'est pas grave, etc. Maman veut venir et j'essaye de lui expliquer que cela ne servira à rien, que je suis bien soignée et qu'un ami s'occupe de moi (ils ne connaissent

DOUBLE FRACTURE DU BASSIN. JE M'EN SORS PLUTÔT BIEN. RESTE PLUS QU'À RECOUDRE LE CRÂNE.

Lors de
la marche
d'approche
du Kilimandjaro,
de petites
falaises se
dressaient parmi
les séneçons…
alors…

pas encore Lothar). Je ne réussis à retarder leur visite que d'un jour. Le lendemain, ils débarquent pâles et décomposés. Mon œil au beurre noir et ma figure tout éraflée les frappent, mais ils me trouvent plutôt en bonne forme : je suis en train de me battre comme une furie pour manger des petits pois avec une fourchette, allongée au fond de mon lit ! Les petits pois roulent partout sauf dans ma bouche. Je suis furieuse car j'ai une faim de loup, et ces maudits petits pois qui me font la nique ! Cela n'a pas empêché ma mère de tomber malade dès son retour à Paris. C'était le contrecoup. Je reste deux semaines à l'hôpital, à la fin desquelles on me découvre une fracture de côte supplémentaire.

Ces deux semaines se passent plutôt bien. Je suis comme un pacha, tout Chamonix défile dans ma chambre, on vient même me faire la cour ! Je suis gâtée, trop même et j'ai peur de prendre du poids. Tout le monde m'apporte des gâteaux et des bonbons, et je compte bien reprendre l'escalade au plus vite ! Seul Lothar m'apporte du fromage et des yaourts, suisses, s'il vous plaît, pour que je calcifie plus vite. Deux jours avant ma sortie, je commence à béquiller.

A vrai dire, je n'écoute plus tellement les médecins ; ils ont tous des avis différents et je préfère mon expérience de kiné pour commencer ma rééducation.

C'est après ma sortie de l'hôpital que je prends vraiment conscience des dégâts. Je n'ai plus de force dans les jambes et je suis raide comme un passe-lacet. Je suis incapable de mettre mes chaussettes et d'enfiler mon pantalon toute seule, mes jambes ressemblent à des piquets. Le soir de ma sortie, nous allons au restau et c'est un véritable calvaire. Incapable de tenir assise plus de deux ou trois minutes, une douleur sourde dans le dos m'oblige à m'appuyer de tout mon poids avec les coudes sur la table pour le soulager. A la fin du repas, je n'arrive presque plus à dégager un coude pour pouvoir manger. Lothar me demande sans arrêt : « Ça va ? » Il est tout content que je sois sortie, mais tout malheureux de me voir en si piteux état. Je lui réponds : « Ça va, ça va aller mieux, j'ai mal au dos car je suis restée allongée pendant deux semaines sans bouger et j'ai perdu toute ma musculature, mais je vais me remuscler et ça ira mieux. » Effectivement, je passe mon temps ensuite à me muscler, m'assouplir. Je n'en reviens pas de la rapidité avec laquelle les muscles ont fondu. Assise, je suis incapable de tendre ma jambe droite et encore moins de soulever ma cuisse de la chaise. J'ai littéralement fondu de partout. Je ne pèse plus que quarante-neuf kilos, cela ne m'était jamais arrivé !

Malgré ces journées de musculation et d'assouplissement, j'ai toujours mal au dos. La natation devrait me faire du bien et Lothar m'emmène dans le Midi chez des amis qui possèdent une piscine. Leur maison se situe juste à côté des falaises de Mouriès, lieu de grimpe connu. Cela fait maintenant trois semaines que l'accident est arrivé. Je peux donc m'autoriser à poser légèrement le pied droit par terre en béquillant. Je réfléchis que si je peux poser un peu le pied droit, je pourrais donc grimper en faisant attention de ne pas trop appuyer dessus. C'est certainement la meilleure rééducation qui puisse exister. L'escalade muscle de partout en vous assouplissant. C'est ainsi que trois semaines après l'accident, je regrimpe, le plus pénible étant d'arriver au pied des falaises. Normalement, il faut marcher dix minutes ; avec des béquilles, j'en mets vingt. Ce qui me gêne surtout, c'est mon entorse à la cheville gauche car je porte tout mon poids dessus et elle est devenue énorme. J'ai toujours mal au dos. A Toulon, une radio de contrôle me permet de découvrir une belle fracture de la colonne vertébrale datant de l'accident ! Les médecins sont soufflés que, vu la fracture, le canal médullaire n'ait pas été touché.

D'après eux, j'ai évité le pire grâce à ma musculature. Par contre, il aurait été plus raisonnable que j'aie un corset plâtré pendant deux mois, mais maintenant que je suis debout, c'est trop tard.

Et voilà, maintenant j'ai une bosse dans le dos. Beau travail ! J'ai de la chance, tous les jours je peux toucher ma bosse, ça porte bonheur !

Malgré tous ces tracas, nous allons, comme il était prévu, dans les Dolomites, pour grimper. Nous faisons trois voies, mais nous revenons vite à Chamonix : je trouve le rocher pourri. J'ai horriblement peur de voler avec une prise, mon bassin et ma colonne ne sont pas encore vraiment solides ! Les marches d'approche me sont aussi très pénibles. Je suis encore incapable de monter un escalier normalement, alors les éboulis !

Je suis ennuyée pour Lothar, c'est son coin favori, les Dolomites. Fin août, nous sommes de retour au refuge de l'Envers-des-Aiguilles. Babette, la gardienne de refuge, n'en croit pas ses yeux ; elle aussi m'imaginait estropiée à vie.

TROIS SEMAINES APRÈS L'ACCIDENT JE REGRIMPE. LE PLUS PÉNIBLE EST D'ARRIVER AU PIED DES FALAISES.

Silence
on tourne !
La vedette
est en action.
Le réalisateur,
P. A. Hiroz,
et l'opérateur
sont sur
la « chèvre ».

Je peux enfin emmener Lothar dans la voie Pyramide. La seule chose qui m'inquiète, c'est de savoir si j'arriverai un jour à me réconcilier avec les crevasses. Pour le moment, je suis à quatre pattes dès que je suis sur un glacier et dès que je vois un trou je reste pétrifiée et n'ose ni avancer ni reculer. J'espère que cela me passera. A l'heure actuelle, même la mer de Glace me pose des problèmes.

En septembre, nous retournons dans les gorges du Verdon pour faire quelques plans de raccord pour le film. C'est à ce moment-là que je m'aperçois que je suis redescendue bien bas. Je suis incapable de refaire des 6b que je connaissais par cœur et qui me servaient d'échauffement avant la compet. Je suis littéralement pétrifiée, je trouve les voies expo alors que je les avais faites en solo ! Je suis incapable de faire un ou deux mètres d'escalade correcte, je tremble comme une feuille, j'ai peur de tomber (la chute est interdite, car je suis encore fragile). Par moments, je dois même mettre une pédale sur le spit pour pouvoir attraper le suivant. C'est horrible et je pleure de désespoir en grimpant. Serai-je capable de grimper à nouveau comme avant ?

Un jour, je rencontre un copain qui a eu un peu la même chose que moi, trois ans auparavant. Il me dit que depuis il n'a pu regrimper comme avant. Je suis effondrée mais je ne veux pas le croire et je suis décidée à me battre.

Effectivement, petit à petit, cela revient. Ce n'est que fin mars de l'année suivante que je recommence à grimper en falaise sans appréhension.

Pour le bloc, c'est plus long, il me faut un an, et encore il m'arrive d'avoir peur sur certains rochers. Mais dans l'ensemble, je ne m'en tire pas trop mal. Cela a été dur et je crois que c'est grâce à mes connaissances en kinésithérapie que je m'en suis sortie si vite.

Et pourtant, fini la kiné. Actuellement tout au moins. Je suis devenue une professionnelle de l'escalade. Et contrairement à ce que vous pouvez croire, ce n'est pas toujours facile.

C'est juste après la compétition que certains sponsors ont commencé à me tourner autour. C'était épatant, ils me proposaient tous de me donner du matériel. J'étais ravie, mais un peu gênée d'avoir autant de cadeaux. « Tu veux un pantalon, tu veux un pull ? » Je répondais : « Non, non, c'est trop, ça suffit. » Ils insistaient, je n'osais plus dire non, j'acceptais maladroitement en me confondant en remerciements.

Mais un jour, Lothar est venu avec moi chez l'un de ces fabricants de matériel. Lorsque celui-ci a voulu m'offrir une paire de chaussures d'escalade, Lothar lui a dit : « Vous lui donnez combien pour qu'elle les porte ? » Quelle horreur, je ne savais plus où me mettre, je ne voulais plus le connaître, j'aurais voulu disparaître, j'avais honte ! Moi qui ose à peine accepter une paire de chaussons !

Visiblement, son interlocuteur ne s'attendait pas vraiment à ça. Il a eu un petit mouvement de surprise, mais il s'est très vite repris en disant : « Effectivement, nous pouvons étudier ça. » Je n'en croyais pas mes yeux ni mes oreilles. Me donner de l'argent pour que je grimpe avec les chaussures Untel ! Mais apparemment, ça doit se faire puisqu'il envisage si aisément la chose.

Jamais je n'oublierai la conversation qui a eu lieu ensuite dans le bureau du fabricant. Ils ont parlé d'argent pendant une bonne heure. Chacun de son côté tâtait le terrain, sondait l'autre, puis au bout d'un moment, Lothar dit : « J'estime que ça vaut tant. » Ce jour-là, j'étais vraiment trop surprise pour dire quoi que ce soit. J'ai juste eu un brusque mouvement de tête en direction de Lothar. Non, il ne blaguait pas et l'autre ne protestait que mollement. Pour moi, cette discussion était complètement folle, je ne comprenais pas pourquoi j'étais payée et parler d'argent à mon sujet me gênait énormément.

Maintenant, je comprends un peu mieux. Lorsque je passe dans la presse, je leur sers de support publicitaire et comme je suis très médiatisée comme ils disent, je suis un bon produit. Malgré tout, je n'arrive toujours pas à m'y habituer. Il m'est interdit d'ouvrir le bec lorsque Lothar négocie un contrat. Une fois, lorsqu'il a annoncé un prix je n'ai pu m'empêcher d'éclater de rire. Une autre fois, outrée, je déclarai : « Mais Lothar, c'est trop ! » J'aime autant vous dire que nos interlocuteurs jubilaient et que le pauvre Lothar a eu du mal à rattraper le coup.

Donc, chacun son rôle. Moi je choisis parmi les sponsors éventuels les produits qui me plaisent le plus et les patrons avec lesquels j'ai envie de travailler. Lorsque j'en ai repéré un qui me convient, je vais carrément leur proposer de travailler avec eux. Je prends réellement plaisir à les représenter, à donner des conseils pour les produits que j'apprécie. Lothar, lui, ne s'occupe que du côté financier de la chose.

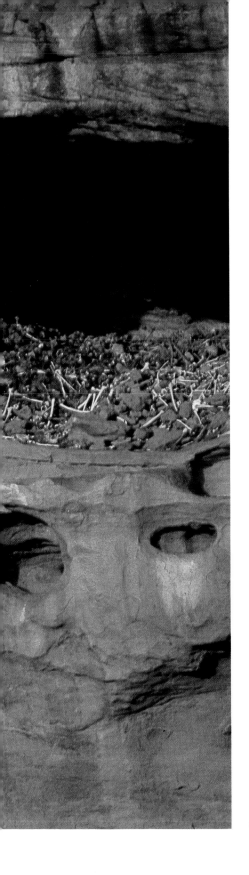

Les Dogons
enterrent
leurs morts dans
les grottes
des falaises.
Celle-ci, pleine
d'ossements,
date paraît-il
de 2 000 ans
avant J.-C.
J'en doute
un peu.

Mais c'est un cercle vicieux. Le sponsoring c'est bien joli, mais après il faut assurer. Les sponsors ont misé sur moi pour des parutions dans la presse et vous avez des parutions dans la presse uniquement si vous restez au top niveau.

Au début, je crois que j'ai eu la chance d'être la première grimpeuse à passer dans les médias. Quelle aubaine pour les journalistes. Une fille qui grimpe à mains nues, pensez donc, et qui plus est, pas trop vilaine, eh oui, ça compte ! Mais j'estime qu'à l'époque où tout cela s'est déclenché, je ne le méritais pas. Je venais de tomber dans la crevasse, je reprenais tout juste l'escalade et mon niveau était fort médiocre. Je n'étais même pas sûre de pouvoir regrimper et refaire du sport comme avant. Et malgré tout, les gens, les journalistes m'estimaient la meilleure juste parce que j'avais fait un film et gagné une compétition. A chaque interview, j'étais très gênée qu'ils s'intéressent à moi.

Tant d'admiration de leur part m'affolait, je paniquais complètement. Qu'est-ce qui m'arrive, il faut absolument que je retrouve le top niveau et pour cela, il faut grimper. Mais même quand on devient une professionnelle de l'escalade, ce n'est pas toujours facile d'aller grimper quand on veut. Il faut jongler avec les rendez-vous des journalistes de la presse écrite, de la télévision, de la radio, les soirées où vous devez présenter votre film, les petits cocktails mondains, les petits week-ends show-biz où vous devez être présente pour vos sponsors et votre image de marque. Sans compter toutes les propositions qui vous tombent dessus, sur lesquelles vous devez longuement réfléchir avant de vous engager, qui vous prennent la tête et vous empêchent de vous concentrer sur l'entraînement et l'escalade.

J'étais complètement stressée. Je me rendais compte que je ne progressais pas comme je le voulais. En plus, lorsque je me déplaçais en falaise, non seulement j'étais nulle mais en plus il y avait une flopée de mecs curieux qui me suivaient pour me voir grimper (ils me suivent toujours, mais j'assure mieux !). Ils voulaient voir la Destivelle en action ! Mettez-vous à ma place, tout le monde parle de vous et vous ne décollez pas vos fesses dans du 6 ! Ah, j'oublie les séances photo ! C'est très sérieux et contraignant : il faut faire attention à ce que vous portez, il faut que vos sponsors soient bien mis en valeur, que le produit soit bien présenté, que la marque se voie, et que le tout soit le plus harmonieux possible. Cela veut donc dire

L'ENTHOUSIASME ET LA MOTIVATION VOUS FONT PROGRESSER PLUS VITE QUE TOUT LE RESTE.

coudre les marques sur tous les angles visibles, pas trop non plus pour ne pas faire femme-sandwich. Ensuite, trouver un beau terrain, de belles structures, et surtout avoir la bonne lumière, sans compter les exigences de certains journaux. Une fois, en plein hiver, ils ont voulu des photos d'été et pas question de refiler des clichés déjà faits, d'une part à cause des sponsors, et d'autre part pour avoir des images inédites. Quelle galère ! Il a fallu que je me badigeonne d'une crème autobronzante puante, je me trouvais grosse (en hiver je prends toujours deux ou trois kilos), je n'avais pas du tout envie de sortir mes grosses jambes et, pour clore le tout, il fallait une lumière d'été. Première séance, nous étions très contents de nous. Tout nous semblait parfait. Manque de pot, les arbres en arrière-plan n'avaient plus de feuilles. Il a fallu tout recommencer. Après avoir longtemps tergiversé, nous sommes partis les faire au bord de la mer...

Eh oui, pas toujours facile la vie d'artiste !

Mais maintenant, tout va mieux. Je gère beaucoup mieux mon temps, je ne dis plus oui à tout le monde, et Lothar m'aide beaucoup. Il va souvent à des rendez-vous pour moi, répond parfois aux interviews et planifie les conférences.

L'escalade passe avant tout. Je sens que je progresse. C'est merveilleux et je prends à nouveau plaisir à grimper pour moi. C'est très important de grimper pour soi, l'enthousiasme et la motivation vous font progresser plus vite que tout le reste.

Il est vrai qu'il y a encore des moments pénibles et pas faciles à digérer. Ma position de petite vedette provoque des jalousies et aiguise les mauvaises langues, mais j'essaye de ne plus en tenir compte. Sur ce point, je dois encore m'endurcir car parfois cela passe encore mal. Qu'importe, si un jour j'en ai assez, j'arrêterai tout et reprendrai mon métier de kiné.

Pour le moment, tout va bien, je vis des choses passionnantes, le plaisir est là et domine.

LA FORME PAR L'ESCALADE

Dans cette partie, je vais essayer de vous donner des conseils pour retrouver la forme si vous ne l'avez plus, et ce au moyen de l'escalade. C'est un des sports les plus épanouissants et les plus complets que je connaisse. D'abord, on est en pleine nature. Et quel que soit son niveau, réussir à grimper à un endroit donné, choisi par soi-même, amène un contentement sans mélange. C'est concret : quand on est en haut, c'est qu'on y est arrivé par ses propres moyens. La satisfaction, la réussite, le plaisir éprouvés, motivent à continuer, à essayer un autre passage. Petit à petit, on passe à des choses plus difficiles, on progresse, c'est sans fin. Tout le corps travaille en harmonie avec la tête. Eh oui ! l'escalade est aussi un jeu de tactique ! Avant de grimper, il faut savoir lire le rocher. Il y a plusieurs façons d'utiliser les prises, de placer son corps par rapport au rocher sur un même passage, c'est un jeu sans limites. Tous les muscles sont en action et cela apprend à bien connaître son corps. Cette forme d'exercice est plus motivante que beaucoup d'autres pour retrouver la forme. De plus, ce n'est pas dangereux si on respecte certaines règles de sécurité. Pour essayer de vous éveiller à tout cela, je vais partir de mon expérience personnelle et de mes connaissances en kinésithérapie. Comme vous avez pu le lire, j'ai eu des hauts et des bas dans la forme : pas le moral, on se laisse aller, problèmes de boulot, familiaux, de cœur, et hop, on plonge. Mais avec un peu de volonté, l'escalade peut être une bonne hygiène de vie qui permet de se remettre très vite. Enfin, pour moi, c'est ainsi.

Solo au Mali : mais oui, je suis en position de repos !

ALIMENTATION

Avant toute chose, si vous voulez retrouver la forme, et la garder, il faut une alimentation saine et équilibrée. Mon problème a toujours été de perdre du poids. J'ai essayé tous les régimes possibles. Entre copines, nous nous échangions des recettes miracles ; c'était prétendument des régimes amaigrissants géniaux, faciles, ne demandant aucun effort, pouvant vous faire perdre trois kilos dans la semaine. Premier jour, ça va. C'est généralement le lundi car le week-end a été tel, que décemment vous ne pouvez faire autrement. Deuxième jour, tout va bien encore, disons supportable. Troisième jour, la dalle et un peu crevée, mais l'aiguille de la balance encourage l'effort. Quatrième jour, on se rue sur les pantalons tests pour voir si enfin on peut à nouveau se glisser dedans. Une déception notable commence alors à s'installer, le mauvais caractère aussi. Cinquième jour, la langue arrive aux genoux et un sérieux ras-le-bol vous envahit. Le vendredi soir, veille de week-end, est la phase critique. Vous vous accordez une petite relâche car vous l'avez bien méritée. Et le lendemain, c'est une orgie de bouffe. C'était trop, vous avez faim, vous en avez assez de ces régimes, vous êtes fatiguée, vous n'êtes plus bonne à rien. Vous vous traînez toute la journée. Et en l'espace de quelques jours, ou même simplement du weed-end, vous vous rattrapez et retrouvez votre poids initial.

Remarquez, cela peut être un équilibre : régime durant la semaine et orgie le week-end. Je suis passée par là. Résultat, vous n'atteignez pas des proportions trop horribles, mais c'est contraignant et fatigant. Vous ne profitez de rien, vous n'avez plus de tonus, plus envie de bouger, de faire du sport. Les muscles fondent, se ramollissent, la peau se détend, c'est la débâcle ! Pour sortir de cette ornière, je donnerai quelques conseils !

Conseils

• Avant toute chose, supprimez le sucre, vous en avez suffisamment dans le reste de votre alimentation. Prenez des édulcorants, qui peuvent aussi bien servir pour les crèmes et les gâteaux.
• Supprimez les fritures : frites, beignets...
• Supprimez les apéritifs alcoolisés et digestifs. J'ai maigri de trois kilos en supprimant uniquement le sucre, les frites et les apéritifs.
• Pour le reste, il suffit de réduire les quantités :
– les corps gras
– le pain
– les féculents
– un verre de vin par repas suffit.
• Il vaut mieux faire plusieurs petits repas qu'un gros par jour.
• Buvez peu en mangeant : 1/2 verre par repas, en revanche, buvez beaucoup entre les repas.
• Evitez de manger de la viande deux fois par jour. Préférez viandes blanches et volailles à la viande rouge.
• A la fin des repas, ne manger ni fruit ni dessert.

Pour avoir la super forme

Avant une compétition ou pour réaliser une voie très dure, je suis un peu plus sévère, je supprime toutes les graisses :
• pas de beurre dans les pâtes, le riz, les pommes de terre,
• pas de fromage gras à 50 % de matière grasse.
Vous devez être surpris que je vous conseille de manger des glucides tels que des pâtes, du riz pour garder la forme. En fait ce sont les seuls aliments non polluants de notre alimentation. Lorsque notre organisme brûle ces glucides, il les transforme en gaz carbonique (éliminé à chaque expiration), c'est tout ce que vous mangez autour de ces aliments qui vous fera grossir. Donc pas de graisses et moins de protéines (viande).
Vous allez me dire, des pâtes sans sauce, c'est immangeable, mais rien ne vous empêche de faire une sauce à base de tomates, oignons, ail, un peu de parmesan, sans beurre ni huile. C'est tout aussi bon.

Alimentation idéale pour une journée

• petit déjeuner
– thé ou café,
– céréales, sans sucre,
– un yaourt,
– un œuf si vous voulez.
• dix heures
– une pomme avec un verre d'eau.
• midi
– entrée : crudités variées ;
– plat principal : protéines (viande blanche, volaille, poisson, œufs...) ou pâtes ou riz ;
– dessert : fromage cuit ou blanc sans sucre.
• dix-sept heures
– yaourt ou pomme et verre d'eau.
• dîner (il varie suivant le déjeuner effectué dans la journée).
Si vous avez pris des protéines à midi :
– des crudités ou de la soupe,
– un plat de pâtes pas trop copieux,
– un yaourt.
Le dîner doit être léger mais complet.

Voilà, schématiquement, c'est à peu près mon alimentation. Vous verrez, supprimer les sucreries est très contraignant au début, mais progressivement vous vous y habituerez et finirez même par ne plus du tout en avoir envie. Si une fois vous acceptez un gâteau ou un dessert, vous le trouverez trop gros et trop sucré. Vous n'en reviendrez pas vous-même !

Je crois que ces conseils ne sont pas trop difficiles à suivre et vous verrez, en un mois, vous perdrez tranquillement trois ou quatre kilos que vous ne regagnerez pas, et, en deux ou trois mois, je ne vous dis pas la taille de guêpe que vous aurez !

Mais tout cela fonctionne très bien si par ailleurs vous respectez certaines règles d'hygiène de vie.

RYTHME DE VIE

Pour retrouver la forme, il est important d'avoir un rythme de vie équilibré qui convienne à ses besoins. Si vous êtes fatigué, énervé, exténué, vous n'aurez envie de rien.

LE SOMMEIL

Avant tout, il faut le respecter. Dormir suffisamment est le plus important. Dès que vous sentez le sommeil vous gagner, couchez-vous. Tant pis si l'émission de la télévision n'est pas finie.

Ecoutez votre corps. J'ai souvent vu des patients arriver au cabinet exténués, avec des maux de dos à hurler. J'étais persuadée, avant même de leur avoir adressé la parole, qu'ils avaient regardé la télévision malgré leur fatigue, vautrés dans un fauteuil.

Dans ce cas, soyez forts, résistez à l'envie d'appuyer sur le bouton, faites plutôt quelques mouvements, cela détend autant que la télé, et vous donnera un sentiment de bien-être. Si vous êtes trop fatigué, allongez-vous, lisez ou discutez avec votre entourage.

Il faut dormir entre 6 et 8 heures par nuit. C'est variable selon les individus. Je me suis rendu compte que j'avais besoin de beaucoup de sommeil. Je ne suis en forme que lorsque j'ai dormi 9 heures.

Le week-end, faites le plein d'énergie en dormant et en faisant un peu de sport.

LA RESPIRATION

A mes débuts en escalade, je ne travaillais pas bien la respiration. Enfin si, un petit peu, car je jouais de la flûte traversière et mon professeur m'avait appris à faire de la respiration abdominale. En fait, la respiration dite abdominale devrait être une respiration normale pour tout le monde. Lors de ma pratique de la kinésithérapie, je me suis aperçue que peu de gens savent respirer correctement. La majorité pratique une respiration superficielle qui n'utilise que le haut de la cage thoracique. Or, la respiration est la base du bien-être et de la forme. Je ne vais pas vous faire un cours de physiologie, mais une mauvaise oxygénation provoque une accumulation de toxines et de déchets dans l'organisme qui finit par s'encrasser et fonctionner au ralenti, sans parler des troubles que cela finit par occasionner : troubles digestifs et circulatoires, facultés mentales affaiblies, perte d'appétit, insomnie, bref l'horreur. Une simple et bonne respiration, c'est déjà beaucoup pour avoir la forme. Elle fait revivre l'organisme, calme et redonne de l'énergie. Essayez de faire quelques respirations amples lorsque vous êtes angoissé ou complètement vert de peur. Vous vous sentez vraiment apaisé, calme et prêt à prendre le taureau par les cornes. Très efficace ! En fait, c'est depuis que j'ai fait des études de kinésithérapie que j'ai appris le bienfait de la bonne respiration et son importance pour la vie de tous les jours, mais j'en ai surtout pris conscience lors de ma pratique de l'escalade. Une bonne respiration accroît considérablement les capacités physiques et mentales.

• Position de départ
Allongé sur le dos, jambes fléchies, une main sur les côtes inférieures, l'autre sur le ventre.

Exercice
Inspirez doucement par le nez en gonflant le ventre et la cage thoracique ; poussez sur vos mains de façon à former une grosse bulle.
Puis soufflez doucement par la bouche entrouverte légèrement, en rentrant au maximum le ventre et en baissant les côtes.

Progression
Lorsque vous maîtrisez bien cet exercice allongé, vous l'exécutez :
1) assis sur une chaise, pieds à plat, jambes légèrement écartées, les mains sur les genoux ;
2) debout, jambes légèrement écartées, bien stables, bras le long du corps.

LA RELAXATION

Pendant la semaine, lorsque vous avez un petit moment, essayez de vous relaxer, cela ne vous demande pas plus de cinq à dix minutes. Mettez-vous dans un fauteuil et allongez-vous. Fermez les yeux et faites quelques exercices respiratoires, comme je vous l'indique plus loin. Ecoutez votre corps, détendez-vous complètement le visage, le cou, les épaules, les bras, les mains. Essayez de sentir tout votre corps détendu. Lorsque je travaillais comme kinésithérapeute, il m'arrivait parfois de m'allonger sur une table de massage et de me relaxer cinq à dix minutes. C'était peu, mais très efficace pour retrouver un peu de tonus.

Le soir, si vous avez du mal à vous endormir, relaxez-vous un peu, dînez légèrement, aérez la chambre avant de vous coucher.

Je ne vous ai pas encore parlé de gymnastique pour ne pas vous effrayer. Lorsque vous aurez pris l'habitude de vous détendre dans la journée et de vous coucher plus tôt, vous pourrez alors trouver aussi un petit moment pour faire un peu de gymnastique. Vingt à trente minutes suffisent. Vous pouvez ne faire qu'un exercice dans chaque série que je vous propose.

L'HYDRATATION

Elle fait aussi partie de l'hygiène de vie. L'eau purifie le corps et permet d'éliminer déchets et toxines qui s'accumulent dans l'organisme.

Buvez systématiquement deux verres d'eau avant chaque repas et avant de vous coucher. C'est ce que je fais pour ne pas oublier de boire. Quelle que soit votre activité, il faut boire un ou deux litres d'eau par jour.

Si vous faites du sport, pour une bonne récupération physique et une bonne hydratation, buvez un à deux litres. C'est très important pour éviter les tendinites et les accidents musculaires.

L'ÉCHAUFFEMENT

Avant tout exercice ou toute activité sportive, il faut toujours s'échauffer. C'est important pour conserver muscles et articulations en bon état. Un bon échauffement donne un meilleur rendement musculaire et permet d'éviter des claquages ou des élongations.
Commencez par vous échauffer quelques minutes, debout, sans forcer, lentement.

1 • Sautillez comme pour un petit footing sur place, épaules rejetées en arrière, souple, poitrine dégagée (1 ou 2 minutes).

2 • Debout, bien stable sur vos jambes légèrement écartées, dos bien droit, épaules rejetées en arrière et relâchées, effectuez des petits cercles avec la tête lentement sans forcer, dans un sens puis dans l'autre.

• Moulinets de bras : debout, bien stable sur les jambes, épaules basses, effectuez des moulinets avec les bras, 10 dans un sens, 10 dans l'autre.

• Torsions du buste : debout, jambes écartées, épaules rejetées en arrière et relâchées, tête bien droite dans l'axe du corps, tournez le buste vers la droite sans bouger les pieds, puis vers la gauche, les bras souples accompagnant le mouvement. Effectuez ainsi une dizaine de rotations sans forcer. Puis au sol sur le dos, pratiquez quelques exercices :

• Pédalage : assise au sol, en appui sur les
3 coudes, jambes fléchies, effectuez des pédalages, 10 dans un sens, 10 dans l'autre, en respirant régulièrement.

4 • Allongée sur le dos, jambes fléchies, bras le long du corps, mains en appui sur le sol de chaque côté du bassin, décollez les fesses du sol en poussant sur les mains et essayez d'amener les genoux de chaque côté de la tête, 5 ou 6 fois en soufflant.

• A genoux, assise sur les talons, mains à plat posées devant les genoux, faites glisser les mains devant vous le plus loin possible, les fesses décollant des talons pour arriver à la verticale des genoux, dos en extension complète, puis revenez à la position initiale. 10 fois.

• Assouplissement du poignet : à quatre pattes, fesses à la verticale des genoux, mains à plat, doigts tendus devant vous, penchez le corps vers l'avant sans bouger les mains pour étirer au maximum les tendons des mains et des avant-bras. Très, très important avant de faire de l'escalade.

LES ABDOMINAUX

Comme je vous l'ai déjà dit, l'escalade est un bon moyen de retrouver ou de maintenir la forme, soit en pratiquant régulièrement, soit en vous entraînant un tout petit peu chez vous chaque jour pour progresser davantage. C'est toujours plus facile de faire un peu d'exercice lorsque vous vous êtes donné un but à atteindre. L'objectif motive.

De toutes les façons, quel que soit le sport que vous envisagez de pratiquer, les premières choses à faire sont : travailler les abdominaux et la respiration. Ne riez pas c'est sérieux. Lorsque j'ai commencé l'escalade, je trouvais que j'avais du mal à ramener les jambes vers le haut lorsque je grimpais. Par moments, j'avais l'impression d'être complètement désunie, d'un côté les bras qui agrippaient désespérément ce qu'ils pouvaient, de l'autre les jambes qui tricotaient en bas essayant vainement de refaire surface ; et pour finir je me vautrais lamentablement par terre. J'ai essayé d'analyser pourquoi et j'ai observé les autres, les forts grimpeurs et idoles, et j'ai constaté que bras et jambes travaillaient harmonieusement. Quelque chose les tenait fermement solidaires, quoi qu'il arrive ; ça ne pouvait être que les abdominaux. C'est alors que j'ai commencé à travailler les abdominaux comme une malade ; tous les soirs pendant 20 minutes, j'en avais des brûlures, mais le résultat était là, j'ai fait des progrès incroyables. C'était super, mes fesses ne me tiraient plus irrémédiablement vers le sol ! Je pouvais enfin faire fonctionner mes bras et mes jambes comme je l'entendais.

Mais venons-en à la pratique. Lorsque vous aurez bien assimilé la respiration de base, je vous propose des exercices d'abdominaux associés à la respiration.

Une bonne musculature abdominale vous donnera une meilleure coordination entre les membres inférieurs et supérieurs, quel que soit le sport que vous pratiquez, et vous rendra plus tonique. Elle vous donnera une meilleure statique de la colonne vertébrale et un meilleur transit intestinal.

TRAVAIL DU GRAND DROIT DE L'ABDOMEN

Conseils

Pour perdre la petite brioche.

TRAVAIL DES JAMBES PAR RAPPORT AU TRONC

Conseils

Pour bien remonter et placer les jambes en escalade et un bon maintien du corps par rapport au rocher.

1 • Position de départ

Allongé sur le dos, jambes fléchies, bras le long du corps.

Exercice

Ramenez les genoux sur la poitrine en soufflant et en rentrant le ventre.

Revenez à la position initiale en inspirant.

• Position de départ

Allongé sur le dos, jambes fléchies, bras le long du corps.

2 Exercice

Effectuez des pédalos en ramenant bien les genoux au-dessus des hanches pour ne pas cambrer.

Respirez régulièrement.

Répétition

20 pédalos sans reposer les pieds au sol.

• Position de départ

Allongé sur le dos, jambes fléchies, bras le long du corps.

3 Exercice

Levez les jambes en les dépliant à la verticale et maintenez-les, proches de la verticale pour bien fixer la région lombaire, faites des ciseaux en amenant alternativement une jambe au-dessus de l'autre, reposez les jambes au sol en les pliant, respiration régulière.

Répétition

20 battements.

Progression

Baissez progressivement la hauteur des jambes au cours des séances, les reins doivent toujours rester collés au sol.

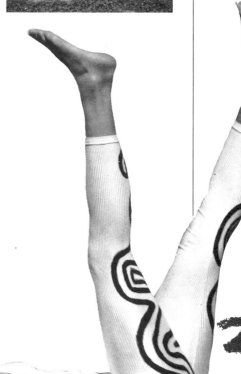

4 • *Position de départ*
La même que ci-dessus.
Exercice
Dessinez des cercles jambes serrées et jambes écartées.
Répétition
2 fois 10 cercles en respirant régulièrement.
Variante
Jambes serrées, dessinez toutes les lettres de l'alphabet comme si vous aviez un crayon entre les pieds (très dur).

5 • *Position de départ*
Pendu par les bras à une barre, jambes tendues et serrées.
Exercice
Serrez les fesses, rentrez le ventre et ramenez les genoux le plus haut possible vers la poitrine en soufflant.
Revenez à la position initiale en inspirant.
Répétition
3 fois 5 mouvements à une cadence rapide.

TRAVAIL DU TRONC PAR RAPPORT AUX JAMBES

Conseils
Pour une bonne mobilité du tronc par rapport aux jambes à la recherches des positions d'économie sur le rocher ; ex. : dans un surplomb, pied dans un trou en inverse, le tronc doit pouvoir rester rigide.

1 • *Position de départ*
Allongé sur le dos, jambes fléchies, pieds au sol coincés sous un meuble ou tenus par quelqu'un, bras le long du corps.
Exercice
Soufflez en vous asseyant, le front venant au contact des genoux.
Revenez à la position initiale doucement en inspirant.
Répétition
2 fois 10 mouvements.

2 *Progression*
Même chose en mettant vos mains derrière la tête.

3 • *Position de départ*
Même position que précédemment mais les pieds ne sont pas tenus.
Exercice
En expirant, asseyez-vous en ramenant les bras vers l'avant. Revenez doucement à la position initiale en inspirant.
Répétition
2 fois 10 mouvements.
Progression
Même exercice avec les bras le long du corps, puis les mains croisées derrière la tête.

TRAVAIL DE COORDINATION BRAS-JAMBES, LE POINT FIXE ÉTANT LE BASSIN

Conseils

En escalade, c'est de cette façon que les abdominaux travaillent le plus pour une meilleure coordination bras-jambes.

1 • Position de départ

Allongé sur le dos, jambes fléchies, mains croisées derrière la nuque.

Exercice

En soufflant, relevez la tête et les genoux de façon que coudes et genoux se touchent.
Revenez à la position initiale en inspirant.

Répétition

2 fois 10 mouvements.

2 • Position de départ

En équilibre sur les fesses, jambes en l'air fléchies, bras tendus devant vous.

Exercice

Inspirez en tendant les jambes et en écartant les bras vers l'arrière.
Soufflez en ramenant jambes et bras.

Répétition

2 fois 10 mouvements rapides.

TRAVAIL DES OBLIQUES

Les exercices précédents tonifient les muscles grands droits de l'abdomen. Ce sont les muscles qui sont attachés entre les basses côtes et le pubis. Ils se dirigent selon l'axe vertical du corps. Mais les abdominaux sont aussi constitués de muscles obliques qui, comme leur nom l'indique, croisent l'axe vertical du corps. Il faudra donc les faire travailler en torsion du corps. On les oublie souvent, mais ils sont aussi importants que les autres.

Conseils

Pour faire disparaître les petits bourrelets graisseux des hanches.

TRAVAIL DES JAMBES PAR RAPPORT AU TRONC

Conseils

Pour bien remonter et placer les jambes lors de l'escalade en profil, les genoux remontant vers l'épaule opposée.

• Position de départ

Allongé sur le dos, bras en croix, genoux fléchis à 90° au-dessus des hanches.

1 Exercice

Portez les genoux fléchis et serrés sur le côté, à droite puis à gauche.
Soufflez à chaque mouvement.

Répétition

2 fois 10 mouvements.

• Position de départ

Allongé sur le dos, bras allongés au-dessus de la tête accrochés dans le prolongement du corps, jambes fléchies, pieds au sol.

2 Exercice

Contractez les abdominaux pour bien plaquer les reins au sol, puis ramenez les genoux vers les épaules, genou droit vers l'épaule gauche en soufflant ; puis genou gauche vers l'épaule droite.
Revenez à la position initiale en inspirant.

TRAVAIL DU TRONC PAR RAPPORT AUX JAMBES

Conseils

Pour une bonne mobilité et tenue du tronc par rapport aux jambes à la recherche de position d'équilibre sur le rocher.

1 • **Position de départ**

Allongé sur le dos, jambes fléchies, pieds au sol coincés sous un meuble ou tenus par quelqu'un, bras le long du corps.

Exercice

En soufflant, asseyez-vous en amenant l'épaule droite sur le genou gauche, puis l'épaule gauche sur le genou droit.

Revenez doucement à la position initiale en inspirant.

Répétition

2 fois 10 mouvements.

2 Progression

Même exercice, mains croisées derrière la nuque.

• **Position de départ**

Même chose que précédemment mais les pieds ne sont pas fixés.

Exercice

Même que précédemment.

Variante

Avec les mains croisées derrière la nuque.

TRAVAIL DE LA COORDINATION BRAS-JAMBES, LE POINT FIXE ÉTANT LE BASSIN

Conseils

Pour une meilleure coordination bras-jambes pendant l'escalade.

1 • **Position de départ**

Allongé sur le dos, jambes fléchies, pieds au sol, mains croisées derrière la nuque.

Exercice

En soufflant, relevez-vous en portant le coude gauche vers le genou droit qui vient à sa rencontre.

Inspirez en revenant à la position initiale, puis faites le même mouvement avec le coude droit et le genou gauche.

Répétition

2 fois 10 mouvements.

• **Position de départ**

En équilibre sur les fesses, jambes légèrement fléchies, bras tendus devant vous.

Exercice

Envoyez vos jambes à gauche et vos bras à droite en même temps, puis l'inverse.

Respirez régulièrement.

Répétition

2 séries de 10 mouvements.

CARRÉ DES LOMBES

Enfin, n'oublions pas le muscle carré des lombes, qui fait lui aussi partie des muscles abdominaux. C'est le muscle de la taille par excellence. En le travaillant, vous êtes amené à travailler aussi le moyen fessier et la face externe des cuisses.

Conseils
Pour perdre cuisses et fessier volumineux.

TRAVAIL DES JAMBES PAR RAPPORT AU TRONC

Conseils
Pour bien remonter les jambes sur le côté, bassin collé au rocher. Le carré des lombes permet une élévation latérale du bassin d'où une élévation plus haute de la jambe.

1 • Position de départ
Couché sur le côté, bras du côté de l'appui replié, main sous la tête, l'autre bras fléchi en appui assurant l'équilibre, jambes allongées.

Exercice
Soulevez les deux jambes du sol, portez une jambe en avant, l'autre en arrière, ciseaux des jambes tendues d'avant en arrière, pieds ne touchant pas le sol.
Respirez régulièrement.

Répétition
2 fois 15 mouvements.

2 • Position de départ
Couché sur le côté, bras du côté de l'appui replié, mains sous la tête, l'autre bras tendu au-dessus de la tête dans le prolongement du corps, main accrochée à un appui fixe, jambes allongées.

Exercice
En soufflant, soulevez les deux jambes du sol au maximum en gardant le dos bien droit.
Inspirez en revenant à la position initiale.

Répétition
2 fois 10 mouvements de chaque côté.

TRAVAIL DU TRONC PAR RAPPORT AUX JAMBES

Cet exercice n'est pas facile à réaliser car il nécessite l'aide d'une personne pour vous tenir les pieds.

Conseils

Pour une bonne mobilité et tenue du tronc par rapport aux jambes à la recherche de positions d'équilibre sur le rocher, ex. : bassin face au rocher, ils permettent des inclinaisons latérales.

• Position de départ

Couché sur le côté, bras du côté de l'appui replié sous la tête, l'autre main appuyée sur les côtes, jambes allongées et fixées.

Exercice

Soufflez en décollant l'épaule et la tête du sol, élévation latérale.
Inspirez en revenant à la position initiale.

Répétition

2 fois 10 mouvements de chaque côté.

TRAVAIL DES MUSCLES DE LA HANCHE, LES POINTS FIXES ÉTANT LES MAINS ET LES PIEDS

Conseils

Pour une meilleure coordination bras-jambes pendant l'escalade.

• Position de départ

Allongé sur le côté en appui sur l'avant-bras et les pieds, le bras libre coiffant la tête.

Exercice

Descendez puis remontez le corps sans toucher le sol.

Répétition

2 séries de 10 mouvements, puis vous changez de côté.

143

LE DOS

Je pense que ces différents exercices suffisent pour acquérir une bonne sangle abdominale. Je les ai tous pratiqués, ils sont simples et efficaces.

En tant que kinésithérapeute, je me sens obligée de parler du dos. La colonne vertébrale est un mât soutenu par des haubans qui ne sont autres que les muscles abdominaux et dorsaux. Pour que cette colonne soit bien droite et équilibrée, il faut que tous ces muscles y exercent la même tension. En principe, les premiers muscles qui lâchent sont les abdominaux. Vous vous retrouvez le ventre en avant, les reins cambrés et les fesses en arrière. Pas très joli, et en plus, des douleurs lombaires apparaissent, sans parler du déséquilibre qui se répercute sur tout le corps : dos rond, nuque cambrée, pieds plats, enfin des douleurs partout à long terme. C'est très schématique mais c'est un peu ça.

Je vais donc vous donner des conseils et des exercices pour protéger et muscler ce dos. Si vous grimpez régulièrement, l'escalade à elle seule pourrait suffir à le muscler. C'est un sport excellent pour lui, je pense notamment aux enfants et adolescents présentant des problèmes de scoliose et cyphose et qui doivent pratiquer des sports d'extension tout en se musclant.

CONSEILS POUR PROTÉGER LE DOS

POUR UN BON MAINTIEN DU DOS

POSITION DEBOUT

Rentrez le ventre, serrez les fesses, tête droite, regard à l'horizon, poitrine dégagée, épaules rejetées en arrière.

Pas facile à tenir, vous me direz, mais progressivement, avec un peu de pratique, cela viendra tout seul.

POSITION ASSISE

Ne vous avachissez pas sur le siège. Asseyez-vous sur vos deux fesses sans croiser les jambes, les reins bien calés contre le dossier. Les longues stations assises ne sont pas recommandées pour les problèmes de dos. De temps en temps, levez-vous et dégourdissez-vous en faisant quelques mouvements d'étirement que je vous indique plus loin.

La voiture est particulièrement pénible pour le dos. Depuis mon accident, j'ai du mal à supporter les longs trajets en voiture. L'idéal c'est de voyager allongé, mais ce n'est pas toujours possible. Ce qu'il faut surtout, c'est bouger, contracter les abdominaux, les muscles du dos, tous les quarts d'heure. J'ai vu des chauffeurs de taxi recouvrir leur siège de petites boules. Ça les fait gigoter sans arrêt sur leur siège et ça leur masse le dos. Il paraît que c'est très efficace.

POSITION ALLONGÉE

Dormez sur un lit ferme et surtout pas sur le ventre. Pas d'oreiller trop volumineux.

QUELQUES RÈGLES FONDAMENTALES POUR UNE BONNE UTILISATION DU DOS

1 SOULEVER UNE VALISE OU UN SAC LOURD D'UNE MAIN

Jambes écartées, un pied avancé par rapport à l'autre, fléchir les jambes et prendre la poignée bras allongé vertical, buste restant droit ou légèrement incliné, le dos restant toujours plat.

Contractez les dorsaux et abdominaux, puis en cambrant le dos, poussez sur vos jambes pour vous relever, le bras libre s'écartant légèrement. Le sac doit glisser le long de la face externe de la jambe avant.

L'équilibre général est assuré par une légère inclinaison du buste vers le côté libre.

RAMASSAGE D'UN OBJET LÉGER POSÉ AU SOL

Jambes écartées, un pied avancé par rapport à l'autre, fléchir les jambes, le buste légèrement incliné, bras allongé pour prendre l'objet.

Se relever en tendant les jambes, le buste restant droit.

2 RAMASSAGE D'UN OBJET PLUS LOURD AVEC LES DEUX BRAS

Jambes écartées, un pied avancé par rapport à l'autre, fléchir les jambes, buste incliné légèrement, dos bien droit. Saisir l'enfant avec les deux mains, le placer sur une épaule ; si c'est un objet, le plaquer contre soi.

Puis se relever à l'aide des jambes en cambrant le dos et en contractant les abdominaux.

3 POSER UN OBJET LOURD SUR UN SUPPORT HAUT SITUÉ

Faire glisser la charge le long de la poitrine, du visage, puis la hisser verticalement, dos bien droit, muscles dorsaux et abdominaux contractés. Approchez-vous le plus près possible du support pour y poser la charge.

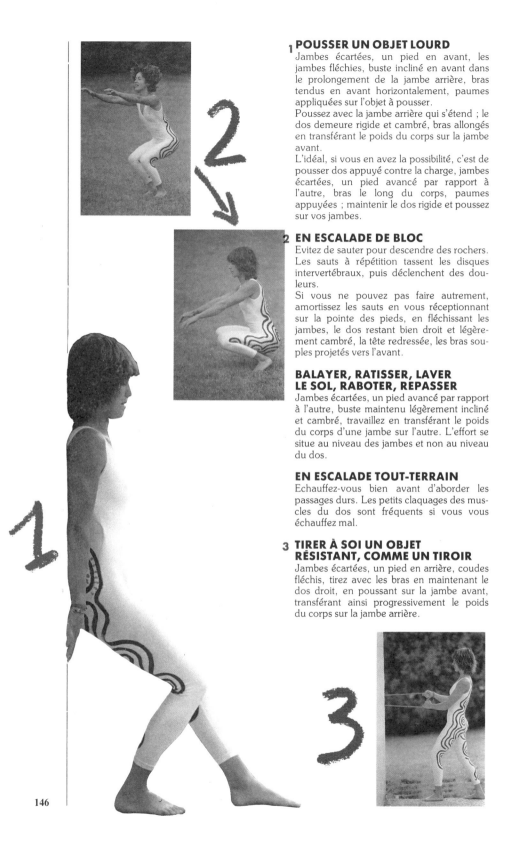

1 POUSSER UN OBJET LOURD

Jambes écartées, un pied en avant, les jambes fléchies, buste incliné en avant dans le prolongement de la jambe arrière, bras tendus en avant horizontalement, paumes appliquées sur l'objet à pousser.

Poussez avec la jambe arrière qui s'étend ; le dos demeure rigide et cambré, bras allongés en transférant le poids du corps sur la jambe avant.

L'idéal, si vous en avez la possibilité, c'est de pousser dos appuyé contre la charge, jambes écartées, un pied avancé par rapport à l'autre, bras le long du corps, paumes appuyées ; maintenir le dos rigide et poussez sur vos jambes.

2 EN ESCALADE DE BLOC

Evitez de sauter pour descendre des rochers. Les sauts à répétition tassent les disques intervertébraux, puis déclenchent des douleurs.

Si vous ne pouvez pas faire autrement, amortissez les sauts en vous réceptionnant sur la pointe des pieds, en fléchissant les jambes, le dos restant bien droit et légèrement cambré, la tête redressée, les bras souples projetés vers l'avant.

BALAYER, RATISSER, LAVER LE SOL, RABOTER, REPASSER

Jambes écartées, un pied avancé par rapport à l'autre, buste maintenu légèrement incliné et cambré, travaillez en transférant le poids du corps d'une jambe sur l'autre. L'effort se situe au niveau des jambes et non au niveau du dos.

EN ESCALADE TOUT-TERRAIN

Echauffez-vous bien avant d'aborder les passages durs. Les petits claquages des muscles du dos sont fréquents si vous vous échauffez mal.

3 TIRER À SOI UN OBJET RÉSISTANT, COMME UN TIROIR

Jambes écartées, un pied en arrière, coudes fléchis, tirez avec les bras en maintenant le dos droit, en poussant sur la jambe avant, transférant ainsi progressivement le poids du corps sur la jambe arrière.

ASSOUPLISSEMENTS

Les assouplissements sont trop souvent oubliés lors des remises en forme et des traitements du dos. En effet, s'il y a douleur, les muscles de la partie douloureuse ont tendance à se contracter. C'est un phénomène de défense. Et plus les muscles sont contractés, plus la douleur est intense, plus la personne se bloque. Et toute raideur articulaire entraîne forcément des déséquilibres sur l'ensemble du corps. En cabinet, il m'arrivait de rencontrer des gens coincés des pieds à la tête et la seule chose à faire était de les détendre, de les faire respirer amplement, les assouplir doucement, ensuite les rééduquer après avoir trouvé la cause de leur trouble. Cela pouvait tout aussi bien être un problème de pied qui avait entraîné une mauvaise statique générale.

Je vais donc vous proposer une série d'exercices d'assouplissement de l'ensemble du corps, ayant pour but de vous faire prendre conscience de l'amplitude de vos mouvements, des blocages pouvant exister, qu'il faudra donc travailler plus particulièrement.

La souplesse est très importante en escalade pour se placer sans effort sur le rocher, pour monter les jambes très haut ou les écarter, vous étendre pour attraper une prise de main un peu éloignée. Quand on est souple et détendu, les mouvements sont plus faciles, mieux coordonnés et moins fatigants.

Je vais proposer des exercices d'abord couché, puis assis, et enfin debout. Pour tous ces exercices, il faudra absolument être bien échauffé.

COUCHÉ

MUSCLES POSTÉRIEURS DE LA JAMBE

Conseils

Permet en escalade de remonter les jambes très haut aisément sans fatigue, très utile pour s'économiser.

1 • Position de départ

Couché sur le dos, mains sous la tête, jambes presque à la verticale, fesses collées au mur, talons appuyés au mur.

Exercice

En soufflant, tendez les jambes au maximum sans décoller les fesses et en baissant les pointes de pieds vers vous. Relâchez, inspirez.

Répétition

10 mouvements.

2 • Position de départ

Couché sur le dos, jambes tendues presque à la verticale, talons en appui sur le mur, les mains passées derrière le genou d'une jambe.

Exercice

Soufflez en tirant la jambe tendue le plus près possible de l'épaule, doucement, quatre fois, la pointe de pied vers vous pour bien étirer les muscles du mollet.

Retour à la position initiale en inspirant.

Répétition

6 fois chaque jambe.

3 • Position de départ

Allongé sur le dos, une jambe allongée, l'autre maintenue à la verticale par la traction des bras, laquelle est exercée sur une sangle passée sous la plante du pied.

Exercice

La traction des bras amène la jambe tendue le plus près possible de l'épaule.

Arrivé au maximum, vous inspirez en essayant de rabattre la jambe tendue vers le sol, les bras résistant au mouvement. Puis détendez-vous, et, en soufflant, les bras tirent la jambe encore plus vers l'épaule pour gagner quelques degrés d'amplitude.

Les reins restent à plat sur le sol. C'est un des exercices les plus efficaces pour réussir le grand écart latéral.

Répétition

6 fois chaque jambe.

4 • Position de départ
Allongé sur le dos, jambes fléchies, pieds à plat au sol, bras le long du corps.
Exercice
Ramenez les genoux sur la poitrine.
Soulevez le bassin en soutenant le bas du dos avec les mains, pliez les genoux au-dessus de la tête.
Tendez les jambes le plus loin possible derrière la tête, pointes de pieds tendues, soutenez le bas du dos avec les mains.
Tenez ainsi la position quelques secondes.
Saisissez les chevilles à deux mains.
Déroulez doucement la colonne vertébrale, vertèbre par vertèbre.
Contrôlez la vitesse de la descente en tenant les chevilles et en faisant passer les jambes le long du visage.
Lorsque le bas du dos repose, pliez les jambes et posez les pieds au sol.
Répétition
5 fois.

ÉTIREMENT DES ADDUCTEURS POUR OBTENIR UNE BONNE OUVERTURE DU BASSIN
Conseils
En escalade, permet de bien coller le bassin au rocher pour s'économiser au maximum.
Excellent pour la position de la grenouille en escalade, qui est une position de repos, permet d'utiliser des prises de pieds éloignées de part et d'autre de l'axe du corps.

1 • Position de départ
Allongé sur le dos, les jambes pliées et ouvertes largement, les plantes de pied l'une contre l'autre, bras le long du corps.

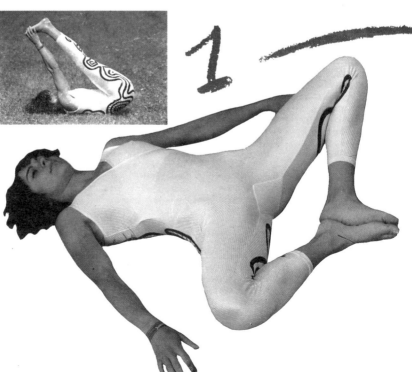

Exercice

Soufflez et faites descendre les genoux vers le sol. Relâchez, inspirez.

Répétition

10 fois.

2 • Position de départ

A plat ventre, jambes pliées et écartées, les plantes de pied l'une contre l'autre, mains croisées sous le front.

Exercice

Soufflez en collant le bassin au sol. Si vous en êtes loin, vous avez besoin de quelqu'un pour vous aider. Soufflez, pendant que la personne vous appuie doucement sur les pieds, pour aller vers le sol. Le bassin reste collé au sol.
Relâchez et inspirez.

Répétition

2 fois 10 mouvements, c'est très douloureux. Si vous avez mal au dos, c'est à éviter.

ASSOUPLISSEMENT EN TORSION DE LA COLONNE VERTÉBRALE

Niveau dorsal et lombaire.

Conseils

Pour une meilleure mobilité du bassin par rapport au rocher.

3 • Position de départ

Allongé sur le dos, bras en chandelier, jambe gauche tendue, l'autre fléchie, pied droit à hauteur du genou gauche.

Exercice

Rotation du bassin vers la gauche en soufflant, le genou droit cherchant à toucher le sol, les épaules ne décollant pas du sol.

Répétition

6 fois de chaque côté.

ASSIS

ÉTIREMENT DES MUSCLES INTERNES DE LA CUISSE ET DE LA TAILLE

Conseils

En escalade, permet une bonne ouverture du bassin pour pouvoir grimper le bassin collé, ce qui est très économique et permet de remonter les jambes très haut en ouverture de bassin.

1 • Position de départ

Assis au sol, jambes écartées le plus possible, pointes de pieds tendues.

Exercice

Levez la main droite et faites-la passer au-dessus de la tête en tournant légèrement le buste vers la droite.

Ensuite, penchez-vous vers la jambe gauche en soufflant et en essayant de toucher le pied gauche avec la main droite, l'autre bras est replié devant vous. Ne laissez pas le corps aller vers l'avant.

Inspirez en relâchant.

Répétition

8 fois de chaque côté.

2 • Position de départ

Assis au sol, jambes écartées aussi largement que possible, le dos bien droit, bras le long du corps.

Exercice

En soufflant, penchez-vous sur une jambe, les deux mains se plaçant de part et d'autre de la jambe. Cherchez à toucher votre genou avec la poitrine en gardant le bas du dos bien plat.

Répétition

Appuyez doucement 6 à 8 fois sur chaque jambe.

3 • Position de départ

La même que précédemment, mais jambes plus ouvertes.

Exercice

Penchez-vous en avant en soufflant, la poitrine essayant de toucher le sol, les mains posées devant vous.

Revenez à la position initiale en inspirant.

Répétition

6 à 8 fois doucement.

Pour cet exercice, je me place souvent dans un coin d'une pièce, les pieds appliqués sur chaque pan de mur, je fais face au coin. Très agréable pour noter les progrès !

ÉTIREMENT DES MUSCLES POSTÉRIEURS DES JAMBES ET DU DOS

Conseils

Permet en escalade de remonter les jambes très haut, aisément, sans fatigue, très utile pour s'économiser.

• Position de départ

Assis sur le sol, jambes serrées, pointes de pieds vers vous, dos bien droit, tête redressée, bras le long du corps.

Exercice

Attrapez vos jambes dans les mains le plus près possible des pieds et penchez-vous en soufflant pour essayer de toucher vos genoux avec la poitrine.
Relâchez, inspirez.
Ne pas plier les genoux lors de l'exercice.

Répétition

10 fois.

ÉTIREMENT DES MUSCLES INTERNES DES CUISSES

Conseils

En escalade, permet de coller le bassin au rocher pour une meilleure économie en utilisant la position de la grenouille.
Permet d'utiliser des prises de pieds éloignées de part et d'autre de l'axe du corps.

• Position de départ

Assis au sol, dos contre un mur, ramenez les pieds vers vous pour que les plantes se touchent ; tenez les chevilles et baissez les genoux.

Exercice

Essayez de serrer les genoux, les mains résistant au mouvement, comptez jusqu'à 5 puis relâchez en soufflant, les mains appuyant sur les genoux pour les baisser vers le sol.

Répétition

10 fois.

ASSOUPLISSEMENT DES ÉPAULES ET DÉGAGEMENT DE LA POITRINE

Conseils

En escalade, il est très utile d'avoir les épaules souples pour pouvoir prendre des prises éloignées.

• Position de départ

A genoux, prenez un bâton ou une corde, levez les bras à la verticale, bras relativement écartés.

Exercice

Inspirez en levant les bras au ciel, soufflez en vous asseyant sur les talons et en tirant les bras vers l'arrière pour les amener à l'horizontale derrière vous. Tenez 4 ou 5 secondes puis revenez à la position initiale.

Répétition

10 mouvements.

Progression

Rapprochez les mains sur le bâton ou la corde.

DEBOUT

ÉTIREMENT DES JAMBES ET DU DOS

Conseils

En escalade, il est très important de pouvoir remonter ses jambes très haut aisément pour grimper avec économie.

• Position de départ

Debout, jambes écartées largement, pieds parallèles, bras le long du corps.

Exercice

Penchez-vous en avant en tirant bien sur le bas du dos. Amenez les mains à plat au sol. Tenez la position 4 ou 5 secondes. Tournez lentement le buste sur la droite, ramenez les deux mains sur le pied droit, attrapez la cheville, jambes bien tendues, ramenez doucement la tête sur le genou droit en soufflant. Tenez 4 ou 5 secondes puis relâchez et tournez lentement sur la gauche : même exercice.

Répétition

5 fois chaque position. A éviter si vous avez des problèmes de dos.

ASSOUPLISSEMENT DE LA TAILLE ET DE LA CAGE THORACIQUE

Conseils

En escalade, il est très utile d'avoir une bonne mobilité du bassin et de la cage thoracique pour trouver de bonnes positions d'équilibre.

• Position de départ

Debout, jambes écartées, bras en croix.

Exercice

En soufflant, tendez le bras droit aussi haut que possible, en inclinant le buste vers la gauche, la main gauche glisse le long de la jambe.

Inclinez-vous le dos bien plat comme pour toucher un mur sur votre gauche.

Revenez à la position initiale, inspirez.

Répétition

8 fois de chaque côté.

ÉTIREMENT DES ÉPAULES
ET DE LA CAGE THORACIQUE
POUR DÉGAGER LA POITRINE
Conseils

En escalade, il est très utile d'avoir les épaules souples pour pouvoir prendre des prises éloignées.

• Position de départ

Debout, face à un support légèrement plus haut que le bassin. Jambes légèrement écartées, penché en avant, mains en appui sur le support.

Exercice

Soufflez en creusant tout le dos et en baissant la cage thoracique vers le sol.
Tirez bien sur vos épaules.

Répétition

6 fois.

TONIFICATION DU DOS

Maintenant, je vous propose quelques exercices de tonification du dos tout simples. Je ne vous en propose pas beaucoup, car l'escalade vous le fera travailler amplement.

1 • Position de départ

Allongé sur le ventre, un coussin sous l'abdomen pour éviter la lordose, jambes serrées, bras tendus dans le prolongement du corps, paumes à plat sur le sol.

Exercice

En inspirant, levez les bras et la tête en cherchant à vous grandir au maximum.
Poser en soufflant.

Répétition

10 fois.

• Position de départ

Même chose que précédemment.

2 Exercice

En inspirant, levez légèrement bras et jambes en cherchant à vous étirer au maximum.
Poser en soufflant.

Répétition

10 fois.

Progression

Vous pouvez tenir des petits poids dans les mains.

TECHNIQUES DE BASE DE L'ESCALADE

Après tous ces exercices, vous voilà prêts à aborder n'importe quel sport aisément. Une bonne sangle abdominale, une bonne souplesse et une bonne coordination respiratoire sont les éléments majeurs de la forme.

Parlons maintenant de l'escalade, où vous pourrez sentir et acquérir des équilibres sur le rocher. Je vous donnerai ensuite des exercices complémentaires pour progresser.

Le défaut de beaucoup de débutants est de vouloir à tout prix tirer sur les bras dès qu'ils ont une prise dans les mains. C'est vrai que le mot grimper suggère immédiatement une traction sur les bras. En fait, l'escalade c'est bien autre chose. Elle exige avant tout un bon positionnement du corps et des pieds par rapport au rocher. Vous pouvez gravir des passages sans jamais avoir à tirer sur les bras. Même dans des passages déversants, vous pouvez garder vos bras tendus en utilisant les mouvements des membres inférieurs et du corps. Je vais donc avant tout vous parler des pieds.

UTILISATION DES PIEDS

La statique du corps dépend de la statique du pied. Un pied mal équilibré peut entraîner des déséquilibres sur les chevilles, les genoux, le bassin; la colonne vertébrale. Les pieds sont trop souvent négligés et maltraités.

Conseils

Dans la vie de tous les jours, utilisez des chaussures relativement confortables, souples, avec une bonne voûte plantaire. Les bouts pointus ne sont pas très adaptés à la forme du pied, n'en abusez pas. Les orteils sont tassés au fond, se déforment et des cors apparaissent.

Ne portez pas de chaussures à talons de plus de 5 cm de hauteur : cela peut vous déclencher des douleurs lombaires, car pour compenser le déséquilibre, vous vous cambrez.

Dans la journée, enlevez de temps en temps vos chaussures et bougez les pieds et les orteils. Faites des flexions-extensions de la cheville. Massez-vous la voûte plantaire contre une barre ou contre l'autre pied, ou faites rouler une balle sous votre pied. En effet, la voûte plantaire est parcourue par un réseau veineux très important. Il joue un rôle de pompe pour envoyer le sang dans les jambes. Avec ces petits exercices tout simples, vous améliorerez la circulation du sang et éviterez que les pieds ne gonflent.

En vacances, marchez pieds nus sur le sable et grimpez.

Pour les enfants : dès le plus jeune âge, mettez-leur des petites chaussures montantes (bottines) avec une voûte plantaire pour bien leur maintenir le pied. Toutefois, je pense qu'il est important qu'ils marchent pieds nus le plus souvent possible : cela leur muscle les pieds, sur la plage ou dans l'herbe.

QUELQUES EXERCICES DE MUSCULATION DU PIED ET DE LA CHEVILLE

— Prise d'objets avec les doigts de pied : assis sur une chaise, amusez-vous à prendre des objets, des crayons, avec les doigts de pied.

— Exercice avec un chiffon : assis les talons légèrement écartés, un chiffon étalé devant les pieds ; avec les doigts de pied, essayez de tirer tout le chiffon pour le rassembler sous la voûte plantaire.

MUSCULATION APRÈS UNE ENTORSE DE CHEVILLE OU POUR LES CHEVILLES FRAGILES
Position de départ
Assis sur une chaise, pieds légèrement écartés, pied droit passé dans un tendeur ou un élastique tendu à partir du pied de la chaise avant gauche.
Exercice
Sans décoller le talon, portez la pointe du pied sur le côté droit en soulevant légèrement le bord externe du pied, le bord interne rasant le sol.
Répétition
2 fois 15 exercices avec chaque pied.

ÉQUILIBRE SUR UN PIED POUR MUSCLER TOUTE LA CHEVILLE

— Prenez un gros coussin, montez dessus et essayez de rester en équilibre sur un pied.

— Equilibre sur un pied sur une planche sous laquelle est glissé un demi-cylindre ou une demi-sphère.

— Equilibre sur un pied sur un manche à balai posé par terre, le pied posé dans l'axe du manche.

DIFFÉRENTS TYPES DE PRISES DE PIED

LES MARCHES : pas de problème. Un conseil, ce n'est pas la peine d'y poser tout le pied. L'avant du pied suffit amplement.

1 LES RÉGLETTES : prises qui mesurent généralement de 1 à 4 cm de large.

2 LES TROUS : ils peuvent avoir toutes les tailles. Ils se prennent généralement en pointe.

3 LES ADHÉRENCES : ce ne sont pas des prises franches, mais plutôt des bosses ou des pentes douces. Il faut poser le plus de surface de semelle possible dessus, mais avec les semelles actuelles, plus de problème !

4 LES GRATONS : prises très petites mesurant de 1 à 5 mm de large. Pied posé en pointe en quart interne ou quart externe.

5 LES FISSURES ÉTROITES : coincement de pied. Engagez le pied dans la fissure, bord externe du pied vers le bas, puis verrouillez en baissant le bord interne et poussez vers le bas. Très efficace.

CROCHET DE TALON ET DE POINTE DE PIED : c'est une utilisation des pieds qui vous permet de trouver des équilibres, de vous décharger les bras parfois d'une bonne partie du poids du corps. Ces techniques vous viendront naturellement avec la pratique.

UTILISATION DES PIEDS

En escalade le plus important est d'avoir le poids du corps au-dessus de ses appuis aussi bien dans les équilibres que pendant les mouvements. Les jambes étant plus puissantes que les bras, il faut donc pouvoir les utiliser efficacement, il faut savoir placer ses pieds intelligemment.

Exercice

Choisissez un bout de rocher pas trop raide sur lequel vous allez travailler les placements de pied. Un doigt de chaque main doit suffire à vous équilibrer.
— Travail sur des petits pas et des grands pas :
Traversez au ras du sol en faisant des petits pas et des grands pas et en translatant le poids du corps d'un pied sur l'autre. Essayez d'être à l'écoute des sensations, des équilibres.
Utilisez toutes les prises que vous voyez, même si elles vous paraissent toutes petites. Vous verrez que cela tient mais il faut charger franchement tout le poids du corps dessus sinon ça ne tiendra jamais, la semelle doit se prendre dans la prise.
— Variez les positions du pied :
En pointe, en carre interne, en carre externe. Cheville pliée ou tendue.
Constituez-vous ainsi un répertoire d'utilisation des pieds le plus vaste et le plus inventif possible.
— Sans bruit :
Posez vos pieds sans faire de bruit. C'est un exercice très efficace pour être précis dans la prise de pied.
Ces exercices vont vous mettre en confiance. Vous vous rendrez compte ainsi que vous pouvez utiliser de petites prises sans crainte si vous appuyez franchement et que les jambes jouent un grand rôle dans les équilibres.

157

1

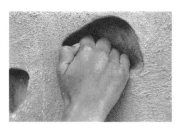

2

UTILISATION DES MAINS

Maintenant que vous avez pris confiance dans les pieds, je vais vous parler des prises de main et des différentes façons de les prendre.

DIFFÉRENTS TYPES DE PRISES DE MAIN

Toutes les prises que je vais vous décrire peuvent avoir une orientation différente horizontale, verticale, oblique, inversée, selon les passages et c'est suivant l'orientation de ces prises qu'il faudra adapter le mouvement de votre corps et le placement des pieds.

1 **LES BAQUETS :** grosses prises évidentes, le plus souvent rentrantes ; prise avec tous les doigts.

2 **LES RÉGLETTES :** prises allant de deux phalanges à une demi-phalange de largeur. Les doigts se posent dessus tendus ou arqués, le pouce verrouillant par-dessus les doigts.

3 **LES GRATONS :** petites prises de 1 à 5 mm de largeur. Comme précédemment, deux façons de les prendre, en tendu ou en arqué. Je les prends en arqué, les ongles s'enfonçant derrière, mais vous n'êtes pas obligé de faire pareil.

3

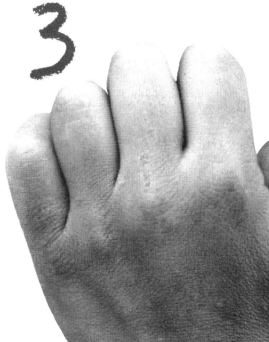

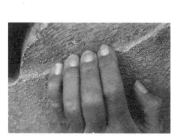

LES BOSSETTES : prises rondes que l'on coiffe avec la main, le pouce faisant opposition aux doigts. La main tient dessus par adhérence.

4 LES TROUS : monodoigt : essayez chaque doigt pour choisir le meilleur, le plus fort, ou celui qui rentre le mieux. Bidoigt : même problème que précédemment. Tridoigt : plusieurs façons de les mettre, soit côte à côte si ça rentre, soit deux côte à côte et un au-dessus. Index et annulaire et le majeur au-dessus.

LES APLATS : prises fuyantes, les doigts posés à plat dessus tiennent par adhérence.

LES PINCETTES : prises à prendre entre les doigts et le pouce.

5 LES FISSURES : pour les doigts, glissez vos doigts dedans et verrouillez en tournant la main comme si la prise était horizontale. Pour la main, glissez votre main dans la fissure, le pouce replié dans la paume, et verrouillez en opposant bien l'éminence du pouce à la paume. Si la fissure fait la largeur du poing, insérez le poing à l'intérieur, la paume vers le bas, pouce dans la paume. Verrouillez en fermant très fort les doigts sur le pouce.

LES PRISES INVERSÉES : ce sont les mêmes prises que précédemment, mais prises par-dessous.

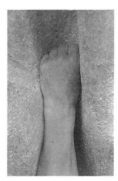
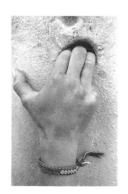

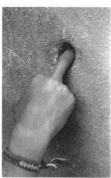
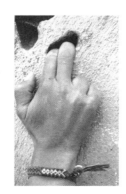

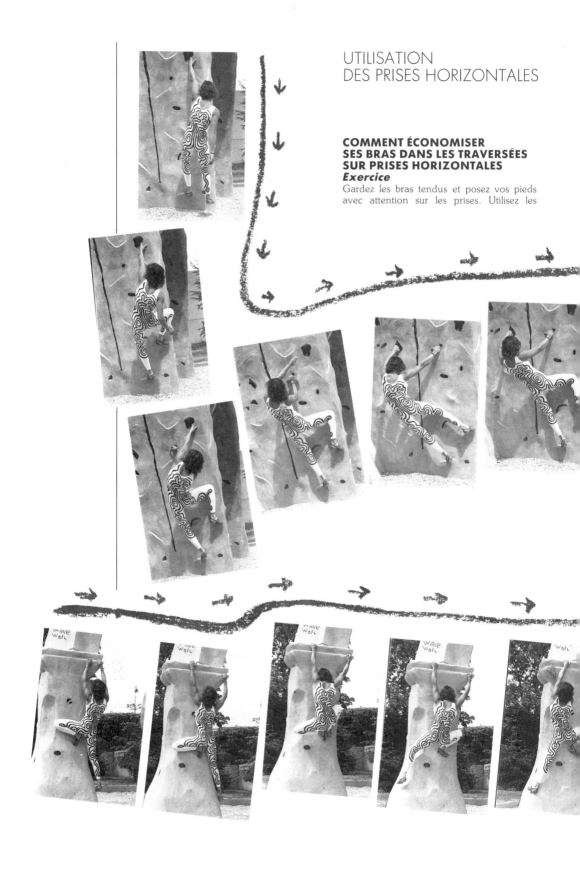

UTILISATION
DES PRISES HORIZONTALES

COMMENT ÉCONOMISER
SES BRAS DANS LES TRAVERSÉES
SUR PRISES HORIZONTALES
Exercice

Gardez les bras tendus et posez vos pieds avec attention sur les prises. Utilisez les jambes pour translater le corps à droite ou à gauche. Exercez-vous sur un mur bien vertical en traversant au ras du sol.

COMMENT ÉCONOMISER SES BRAS EN UTILISANT DES PRISES HORIZONTALES EN MONTÉE

— Faire, si c'est possible, de petits pas sur le rocher et non de grandes enjambées qui vous obligent à tirer sur les bras.

— Translater le poids du corps sur la jambe pliée pour pousser sur la jambe et non tirer sur les bras.

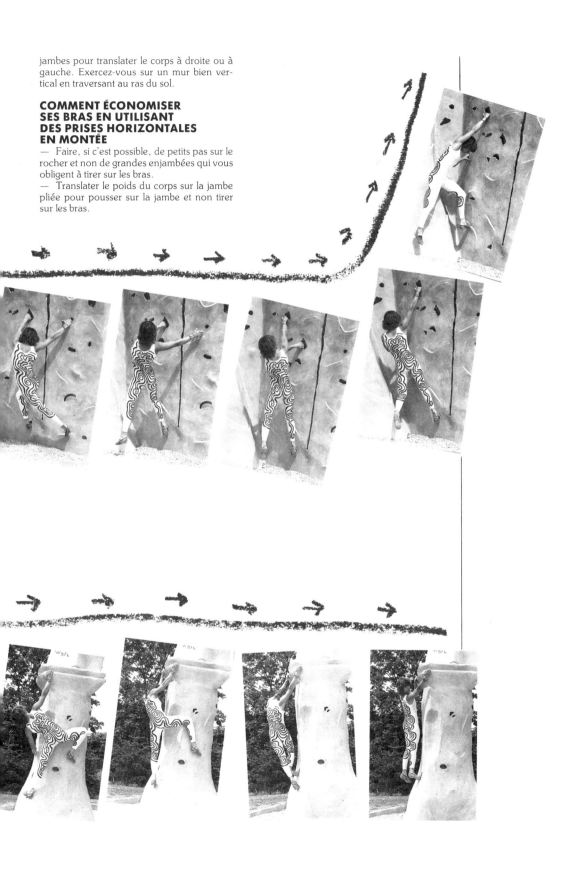

COMMENT FAIRE POUR ALLER CHERCHER UNE PRISE DE MAIN TRÈS ÉLOIGNÉE

Plusieurs solutions pour aller chercher par exemple une prise de main droite.

1 *Poussée dynamique*

Vous voulez attraper une prise de main droite. Prenez une bonne prise de main gauche, remonter votre pied droit et effectuez une poussée de jambe dynamique tout en poussant sur la main gauche. Fixez bien des yeux la prise que vous voulez attraper.

2 *En collant bien le bassin au rocher*

Remontez le pied droit le plus haut possible sous les prises de mains en ouvrant le genou sur le côté et en collant bien le bassin au rocher, puis poussez sur votre pied droit en appuyant sur la main gauche.

De profil

Si vous n'êtes pas très souple ou si la disposition des prises ne se prête pas à la grenouille, mettez-vous de profil pieds en carres interne et externe remontés le plus haut possible sous les mains, puis poussez sur vos pieds en poussant sur la main gauche.

3 **COMMENT SE RÉTABLIR SUR UNE MARCHE HORIZONTALE**

— Mettre les deux mains au même niveau sur une prise horizontale. Regroupez les pieds le plus possible sous les mains pour arriver à placer un pied à côté des mains, le genou ouvert vers l'extérieur. Donnez une petite impulsion avec l'ensemble du corps pour basculer le bassin au-dessus de la marche, puis poussez sur la jambe pour se rétablir. C'est un pied-main.

UTILISATION DES PRISES VERTICALES

4 **COMMENT GRIMPER UNE ARÊTE**

En opposant les pieds aux mains, le corps s'arc-boutant pour créer cette opposition, les mains remontant le long de l'arête, bras tendus, les pieds posés dans la face le long de l'arête, jambes fléchies, pour les équilibres.

En règle générale, quelle que soit l'arête, il faut toujours avoir trois appuis pour être bien stable lors de l'ascension. Exemple : pour remonter une main, il est préférable d'avoir les deux pieds l'un au-dessus de l'autre sur le rocher, ou pour remonter une jambe, il est préférable d'avoir les deux mains l'une au-dessus de l'autre sur le rocher prêtes à régler l'équilibre en fonction de l'emplacement de la prise de pied suivante. N'hésitez pas à poser vos pieds en adhérence et à pousser franchement dessus.

5 COMMENT ALLER CHERCHER UNE PRISE ÉLOIGNÉE LORSQU'ON N'A QUE DES VERTICALES DANS LES MAINS

Plusieurs solutions pour aller chercher, par exemple, une prise de main gauche éloignée.

En statique

De face : bassin collé au rocher, main droite sur la prise verticale, remontez le pied droit très haut, le genou ouvert en grenouille, poussez sur le pied droit en arc-boutant le corps sur la gauche, la jambe gauche en balancier pour conserver l'équilibre lors du mouvement. L'axe du mouvement se situe au niveau de la main droite. Puis levez la main gauche pour attraper la prise.

De profil : bassin perpendiculaire au rocher, main droite devant vous sur la prise verticale. Remontez le pied gauche en carre externe puis poussez dessus, jambe droite en drapeau pour ajuster l'équilibre lors du mouvement. La main gauche en début de mouvement peut aider à maintenir l'équilibre puis se tendra vers la prise à atteindre.

En dynamique

Même position : fixez des yeux la prise.

COMMENT SE REPOSER EN UTILISANT LES PRISES VERTICALES

En arc-boutant le corps du côté opposé à la prise de main

De face : bassin bien collé au rocher, jambe gauche en balancier sur la droite, si vous tenez une prise main droite. Vous pouvez ainsi décontracter le bras gauche, les jambes peuvent être fléchies ou tendues.

De profil : bassin perpendiculaire au rocher, bras droit tendu devant vous si vous tenez une prise de main droite, pied gauche sur le rocher en carre externe, pied droit en drapeau pour équilibrer, vous pouvez ainsi décontracter le bras gauche, jambes fléchies ou tendues.

En utilisant des crochets de talon ou de pointes de pied sur les prises verticales, le corps basculé du côté opposé au crochet de pied pour bien soulager les mains.

COMMENT GRIMPER
LORSQUE VOUS AVEZ
DES INVERSÉES DANS LES MAINS

Conseils

Les inversées sont très utiles pour aller attraper des prises éloignées, très utiles aussi dans les surplombs pour économiser des mouvements.

Elles permettent aussi aux bras de se décontracter car elles changent du mode de préhension des prises les plus courantes.

Plusieurs cas de figures se présentent selon la situation de ces prises, elles peuvent se situer au-dessus de votre tête comme au niveau de votre bassin. Selon leurs positions, il faudra les aborder différemment.

Pour étudier les différentes techniques, je conseille de vous entraîner pour commencer avec des inversées au niveau du nombril.

Mains en inversée au niveau du nombril. Variez la position des pieds et des jambes.

— **Jambes fléchies** pour aller chercher les prises suivantes.

Remontez vos pieds très haut sous les mains en vous arc-boutant sur la prise.

Bassin face au rocher : pieds en pointe ou en adhérence sur le rocher en poussant franchement dessus, puis poussez sur vos jambes pour soulever le bassin.

Si ce n'est pas trop raide, vous pouvez aussi amener le bassin à la verticale des jambes et lâcher les mains pour finir le rétablissement.

Si le passage est raide, levez un bras pour attraper une prise au-dessus de la tête, mais ce n'est pas la façon la plus économique surtout pour attraper une prise très éloignée.

Bassin de profil : vous pouvez vous apercevoir que c'est plus économique, surtout si c'est raide. Remontez vos pieds en carre interne et carre externe. Déplacez vos pieds à la recherche d'une position économique. Testez la position et vos appuis en lâchant une main.

Puis poussez sur vos jambes en vous arc-boutant sur la prise pour élever le bassin, la main dans l'inversée servant d'axe au mouvement.

Vous pouvez vous apercevoir que souvent la position la plus économique, si vous avez par exemple main gauche inversée, c'est d'avoir appui sur le pied droit en quart externe, la jambe gauche ne servant qu'à régler l'équilibre.

Plus le passage est raide, plus votre pied gauche se trouvera décalé sur la gauche par rapport à l'axe vertical de la main gauche.

Cette technique permet d'aller chercher des prises éloignées dans les surplombs, cela économise souvent beaucoup de mouvements.

Vous pouvez faire toutes ces techniques d'une façon dynamique en poussant sur vos jambes d'un coup sec et profiter ainsi de l'inertie de votre corps pour attraper la prise éloignée.

— **Jambes tendues** : souvent utilisé comme position de décontraction, pieds en pointe en quart interne, en quart externe. Bras tendus, recherchez les positions d'équilibre en basculant le corps par rapport à l'axe pied-main. Puis tenez-vous d'une main dans l'inversée, étudiez vos équilibres.

Pour des prises inversées situées au niveau de la poitrine et au-dessus, cela est beaucoup moins facile.

Je vous conseille de vous placer de profil pour les négocier afin de vous économiser et de garder le bras solidement tendu ; vous devez utiliser les techniques décrites ci-dessus pour rechercher vos équilibres et optimiser vos mouvements.

LES CHEMINÉES, LES DIÈDRES ET LES FISSURES

1 COMMENT GRIMPER UNE CHEMINÉE

Les cheminées sont formées de deux pans de rocher parallèles.

Deux méthodes :

— Jambes et bras en écart pour s'opposer sur chaque pan. Vous pouvez même grimper une cheminée lorsque les pans sont lisses, essayez chez vous dans un couloir pas trop large.

— Jambes d'un côté et fesses en appui de l'autre. C'est plus stable que la première méthode, mais moins pratique et moins rapide.

Vous évoluez en remontant les fesses à l'aide des mains plaquées de chaque côté du bassin, puis remontez les pieds.

COMMENT GRIMPER UN DIÈDRE

Un dièdre est formé de deux pans de rocher se réunissant pour former un angle ouvert vers l'extérieur comme un livre. L'angle du dièdre est évidemment variable.

Pour grimper un dièdre, le plus commode est d'avoir bras et jambes en écart de chaque côté du dièdre comme dans une cheminée.

Conseils

Il ne faut pas aller au fond du dièdre.

Ne pas hésiter à utiliser les pieds en adhérence sur les pans du dièdre.

Efforcez-vous de lâcher les deux mains de temps en temps, c'est possible si vous grimpez bien à l'extérieur du dièdre.

COMMENT GRIMPER LES FISSURES

Il existe plusieurs largeurs de fissures.

Fissures étroites de la taille des doigts

Deux méthodes :

— *De profil :* la plus économique. Grimpez-la comme une arête décrite ci-dessus, les pieds placés en carres externe et interne sur les prises existantes de part et d'autre de la fissure ou bien en adhérence.

— *De face :* beaucoup plus violent, mais parfois indispensable pendant un ou deux pas. A vous de rechercher les bons placements avec ce que je vous ai indiqué précédemment.

2 Fissures de la largeur du poing ou de l'épaisseur de la main

Deux méthodes :

— *De profil :* si les bords sont francs comme une arête, mais c'est beaucoup moins économique qu'en faisant des coincements de poings et de pieds.

— *De face :* en verrouillant les poings ou les mains comme je vous l'ai indiqué lors de la description des prises et en coinçant les pieds. Vous montez ainsi une fissure presque comme une échelle.

3 Fissures plus larges : de largeur du buste et un peu plus larges

C'est très pénible, fatigant à escalader.

Il faut se coincer dedans et ramper pour remonter.

Conseils

Si c'est possible, ne coincez qu'une moitié du corps pour utiliser éventuellement des prises à l'extérieur.

Respirez bien.

2

3

LES SURPLOMBS

COMMENT GRIMPER EN S'ÉCONOMISANT AU MAXIMUM

— En règle générale, placez-vous si possible de profil par rapport au rocher et non de face.

— Utilisez les pieds au maximum.

— Gardez les bras tendus au maximum en utilisant les oppositions et les placements de pied pour aller chercher les prises, le corps servant de balancier pour grimper en dynamique. C'est moins fatigant et cela nécessite moins de force.

— Soulagez les bras d'une partie du poids du corps en utilisant les crochets de talons presque à hauteur de main ou en utilisant les verrouillages de pied dans des trous s'il y en a. S'ils sont bons, vous pouvez même lâcher les deux mains.

— Utilisez le plus souvent possible les inversées car elles permettent d'atteindre des prises très éloignées et vous suppriment ainsi des mouvements intermédiaires, d'où une économie de force.

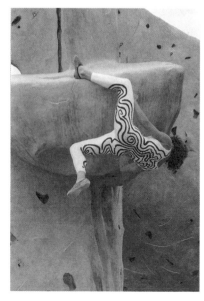

LES DALLES

COMMENT GRIMPER LES DALLES

Une dalle est un pan de roche presque lisse et légèrement couché, les pieds sont plus utiles que jamais.

Conseils

Nettoyez-les bien avant de partir.

Ecartez les pieds pour avoir une bonne assise sur les jambes.

Utilisez les transferts de poids du corps d'une jambe sur l'autre, car les pieds ne tiennent que si on les charge franchement.

Utilisez les appuis de mains.

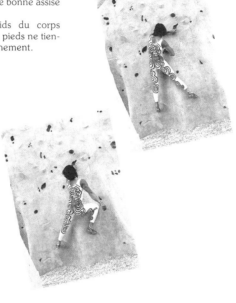

S'ÉCONOMISER EN ESCALADE

— Grimpez le plus détendu possible tout au long du parcours sans crispation inutile.
— Respirez profondément et régulièrement lors de l'ascension.
— Anticipez sur les mouvements : trouvez les solutions des passages durs lorsque vous gravissez les passages faciles, donc limitez

votre vitesse dans le facile.
— Ne négligez pas les prises de pieds éloignées de l'axe de progression.
— Tirez au minimum sur les bras en plaçant intelligemment les pieds.
— Plaquez le bassin au rocher.
— Variez l'orientation des prises de mains pour faire travailler différemment les muscles des bras et des avant-bras et ainsi éviter la tétanisation des muscles (la fatigue).
— Cherchez toutes les positions de repos possibles et utilisez-les pour vous reposer et observer la suite des événements.
Pour cela quelques petites astuces : crochet de pied, grenouille, coincement de poing ou de pied, balancier de jambe.

MUSCULATION DES MEMBRES SUPÉRIEURS

Après cette partie technique, je vais pouvoir vous parler des bras. Je mets volontairement ce chapitre à la fin car j'estime que pour débuter, il est plus important de sentir les mouvements, les équilibres, et cela vous sera d'autant plus facile que vous ne devez pas avoir beaucoup de force dans les bras. Si toutefois vous en aviez, vous auriez tendance à tirer sur les bras et à ne plus sentir les équilibres du corps.

Lorsqu'on parle de musculation des membres supérieurs, cela comporte les pectoraux ou la poitrine, les épaules, les bras, les avant-bras. Le dos travaille obligatoirement durant tous ces exercices.

TRAVAIL DES PECTORAUX

Je voudrais d'abord vous entretenir sur un sujet qui me tient à cœur et qui m'exaspère chaque fois que j'en entends parler. Ce n'est pas en travaillant les pectoraux que vous aurez de beaux seins, cela leur donnera uniquement une base plus ferme. Les seins ne sont pas des muscles. Ils ne sont soutenus que par des fibres qui ont tendance à se détendre si vous ne les soutenez pas efficacement dès le départ.

Conseil

La seule chose à faire pour embellir la poitrine est de se tenir droite, le dos bien droit, les épaules rejetées en arrière et de respirer amplement. Portez des soutiens-gorge efficaces, surtout lorsque vous faites du sport. Quand je vais courir, il m'arrive parfois d'en mettre deux superposés.

COMMENT TONIFIER SES PECTORAUX

1 • *Position de départ*

Debout ou assis, épaules rejetées en arrière, joignez les deux mains paume contre paume à hauteur de la poitrine.

Exercice

Pressez-les fort l'une contre l'autre, respirez amplement.

Répétition

10 fois, de temps en temps.

COMMENT MUSCLER SES PECTORAUX

2 • *Position de départ*

Allongé sur le dos, jambes fléchies, pieds à plat sur le sol, bras en croix au sol, un haltère de 4-5 kilos dans les mains.

Exercice

Soufflez en joignant vos mains tendues devant la poitrine, inspirez en reposant les haltères au sol.

Répétition

2 fois 10 mouvements.

COMMENT ÉTIRER
LES ÉPAULES VERS L'ARRIÈRE
1 • *Position de départ*

Allongé sur le dos, un léger coussin sous le dos, jambes fléchies, les bras derrière la tête, un haltère dans chaque main.

Exercice

En expirant, ramenez les mains sur les cuisses, en inspirant revenez à la position initiale.

Répétition

2 fois 10 mouvements.

TRAVAIL DES ÉPAULES

Lorsque j'ai commencé l'escalade, j'avais des problèmes d'épaules. Parfois à la sortie des blocs, j'avais l'impression que mon épaule se déboîtait. C'était douloureux et surtout très désagréable comme sensation. J'ai donc, durant la semaine, commencé à les muscler. L'amélioration fut très nette et surtout je contrôlais beaucoup mieux mes positionnements par rapport au rocher.

TRAVAIL DES DELTOÏDES,
MUSCLES QUI CONSTITUENT
L'ÉPAULE
Conseils

Contrôle des positions par rapport au rocher. Rétablissement en haut des blocs.

2 • *Position de départ*

Assis sur vos talons pour bien caler les reins, bras le long du corps, un haltère de 3-4 kilos dans chaque main.

Exercice

Inspirez en levant les bras sur le côté, faites 3 petits ronds à l'horizontale, puis baissez les bras en soufflant.

Même chose en levant les bras devant vous et, bras à l'horizontale, 3 petits ronds, puis baissez les bras.

Répétition

20 fois à chaque exercice.

TRAVAIL EN DYNAMIQUE DE L'ÉPAULE
Conseils
Pour une meilleure coordination dans les jetés.

1 • *Position de départ*
Assis sur vos talons pour caler le dos, bras pliés sur le côté, mains aux épaules, un haltère de 3-4 kilos dans chaque main.

Exercice
En soufflant, levez un bras violemment vers le haut. Inspirez en revenant à la position initiale. Puis faites la même chose avec l'autre bras.

Répétition
20 fois chaque bras, rapidement.

TRAVAIL DES BRAS

Pour le bras, il existe deux types de muscles. Les triceps sont ceux situés derrière le bras, **3** très utiles pour les appuis en escalade. Ils se ramollissent très vite lorsque vous n'avez plus d'activité sportive, et la peau a donc tendance à se détendre plus rapidement à cet endroit. Ils servent à étendre le bras.
Les muscles situés devant le bras sont les biceps ; ils servent à plier le bras.

Conseils
Fortifier les bras pour une meilleure maîtrise des mouvements d'escalade.
Raffermir les tissus du bras.

MUSCULATION DES TRICEPS ASSOCIANT LE DOS ET LES PECTORAUX
Conseils
Utile pour les rétablissements, les appuis.

2 • *Position de départ*
Devant une table, pieds éloignés, bras tendus légèrement écartés en appui sur le bord.

Exercice
Gardez le dos bien droit dans le prolongement des jambes. Inspirez en pliant les bras pour amener la poitrine contre le bord de la table. Soufflez en poussant sur les bras pour revenir à la position initiale.

Répétition
2 fois 10 mouvements.

• *Position de départ*
Face au sol en appui sur les pointes de pieds et sur les mains, bras tendus, le tronc bien rigide dans le prolongement des jambes.

Exercice
Faites des petites pompes sans descendre jusqu'en bas au début. Soufflez toujours en poussant sur les bras.

Progression
Progressivement, vous pourrez descendre la poitrine au ras du sol.
Répétition
2 fois 10 mouvements.

MUSCULATION DES TRICEPS ET DES ÉPAULES
Conseils
Utile pour les rétablissements, les appuis. C'est l'exercice que j'ai le plus pratiqué.
4 • ***Position de départ***
Assis entre deux chaises, jambes allongées sur le sol, bras pliés en appui sur les chaises.
Exercice
Soufflez en poussant sur vos bras, les fesses arrivent au niveau des mains, les pieds restent au sol. Revenez à la position initiale sans reposer les fesses au sol.
Répétition
5 fois 5 mouvements, puis 3 fois 10 mouvements.

MUSCULATION DES BICEPS
5 • ***Position de départ***
Assis sur vos talons pour caler le dos, dos bien droit, jambes légèrement écartées, bras le long du corps, un haltère de 5-6 kilos dans chaque main.
Exercice
En gardant le coude au corps, pliez les bras pour ramener les mains aux épaules.
Répétition
2 fois 20 mouvements.

TRAVAIL DES BICEPS ET DU DOS
• ***Position de départ***
Allongé sur le dos, la tête légèrement engagée sous une barre située à 1,20 m environ du sol, mains accrochées dessus. (La barre peut être une table.)
Exercice
En gardant les pieds au sol, tractez sur les bras pour amener le buste le plus près possible de la barre en soufflant. Redescendez sans toucher le sol et recommencez.
Répétition
2 fois 10 mouvements.
Variante
Vous pouvez faire le même exercice en surélevant les pieds pour le rendre un peu plus difficile.

TRAVAIL DES FLÉCHISSEURS DES BRAS ET DU DOS

Ces muscles sont les plus utilisés pour l'escalade.

1 • Position de départ

Allongé sous une barre située à 1,20 m du sol environ, la tête légèrement en dehors de la barre, pieds au sol, mains agrippées à la barre, les paumes tournées vers les pieds.

Exercice

En soufflant, tractez sur les bras pour amener le buste le plus près possible de la barre. Redescendez sans toucher le sol et recommencez.

Répétition

2 fois 10 mouvements.

Variante

Vous pouvez faire la même chose en surélevant les pieds pour rendre l'exercice un peu plus dur.

2 • Position de départ

Pendez-vous par les mains à une barre, les paumes tournées devant vous.

Exercice

Tractez-vous en soufflant pour que le menton arrive au-dessus de la barre. Revenez à la position initiale en inspirant.

Répétition

2 fois 5 mouvements.

MUSCULATION DES AVANT-BRAS ET DES DOIGTS

TRAVAIL DES DOIGTS ET AVANT-BRAS
Conseils

La première chose que vous avez constatée lors de vos débuts, c'est la brûlure intense dans les avant-bras et cette impression de mains qui s'ouvrent ; ces exercices vous permettront d'acquérir plus de résistance et de force dans les doigts.

• Position de départ

Assis ou debout, prenez une balle de mousse dans les mains.

Exercice

Essayez d'écraser la balle dans chaque main entre la paume et les doigts.

Répétition
2 fois 20 mouvements.

3 • Position de départ
Assis ou debout, prenez un haltère de 5 à 8 kg dans chaque main, coude fléchi à 90° le long du corps, paumes tournées vers le ciel.

Exercice
Pliez et étendez le poignet doucement.

Répétition
2 fois 20 mouvements.

TRAVAIL DES AVANT-BRAS EN SUSPENSION

4 • Position de départ
Allongé sous une barre située à 1,20 m du sol environ, la tête débordant en dehors, les mains agrippées dessus, avec toute la surface des doigts, le dos ne doit pas toucher le sol, les bras doivent être tendus.

Exercice
Essayez de tenir le plus longtemps possible, puis reposez-vous, à peu près le temps que vous avez réussi à tenir.

Répétition
4 fois puis reposez-vous 5 minutes et effec-tuez une autre série de 4. Répétition 3 séries de 4.

Progression
Ne mettez plus toute la surface des doigts, mais deux phalanges, puis une phalange.

Variante
Surélever les jambes pour rendre l'exercice un peu plus difficile.
Même exercice que ci-dessus, mains suspendues à une barre située en hauteur.

5 • Position de départ
Accroché d'une seule main à la barre.

Exercice
Tenez le maximum que vous pouvez et reposez-vous 2 minutes.

Répétition
6 fois.

LES DIFFÉRENTES PRATIQUES DE L'ESCALADE

Je vais maintenant aborder les différentes pratiques de l'escalade : le bloc et la falaise. Je vous donnerai des conseils sur l'utilisation du matériel dont vous aurez besoin et les précautions à prendre pour l'exercice de ce sport.

Mais avant tout, je vais vous parler du vertige.

LE VERTIGE

C'est en général la première question que me posent les gens qui ne connaissent pas l'escalade. Sans même me laisser le temps de répondre, ils me déclarent que de toute façon ils ne pourraient pas faire la même chose car ils ont le vertige. Je leur demande aussi sec s'ils sont capables de monter sur un tabouret, la majorité me répondent : oui. Les personnes sujettes au vrai vertige sont incapables de monter sur un tabouret.

Je crois que l'escalade est une activité encore méconnue du grand public et cela paraît encore extraordinaire que des individus puissent évoluer sur des surfaces verticales. La référence qu'ils en ont, ce sont les sensations de hauteur vertigineuse insupportable qu'ils ont eues, en se penchant un jour ou l'autre à la fenêtre d'un appartement, que ce soit du deuxième ou du dixième étage.

Pour être franche, je n'aime pas non plus me pencher par une fenêtre et encore moins m'imaginer pendant par les mains à l'extérieur sur le rebord de la fenêtre. Les lignes fuyantes géométriques des immeubles créent une impression de hauteur et de vide très désagréable que vous ne rencontrez pas dans les falaises naturelles.

Ce qui vous impressionne aussi, c'est le plan vertical. Vous appréhendez ce vertical, c'est l'inconnue car vous n'y avez aucune référence vécue. La chute vous paraît inévitable et fatale comme dans beaucoup de films ou de récits car l'escalade y a toujours une image synonyme de grand danger.

Mais comme je vous l'ai déjà dit, l'escalade n'est pas un sport dangereux si vous respectez les règles de sécurité et on s'habitue très vite à la hauteur en une ou deux séances. Alors suivez mes conseils et essayez.

LE MATÉRIEL

LES VÊTEMENTS

Quelle que soit la façon dont vous pratiquerez l'escalade, le port de vêtements de sport s'impose. Vos mouvements ne doivent être entravés d'aucune manière.

LES CHAUSSONS D'ESCALADE

Vous pouvez commencer avec une paire de tennis, mais il vaut mieux utiliser des chaussons d'escalade pour avoir plus de précision et d'adhérence. Les chaussons d'escalade sont des chaussures simples à semelle lisse. Cette dernière est faite de gommes résinées utilisées pour les pneus de formule 1. Elles sont très adhérentes. Vous pourrez acheter ces chaussons dans les magasins de sport possédant un rayon montagne. Je vous conseille de les acheter très serrés (une pointure en dessous de votre taille) car ils ont tendance à s'agrandir un peu et vous aurez ainsi une meilleure précision.

LA MAGNÉSIE

C'est le petit sac que vous voyez pendre derrière le postérieur des grimpeurs. Il renferme une poudre blanche, la magnésie, qui n'est autre que du carbonate de magnésium. Elle est utilisée pour absorber la transpiration des mains. N'en abusez pas, ce produit détériore le rocher. A Fontainebleau, utilisez plutôt du « pof », c'est de la collaphane pilée maintenue dans un chiffon.

LE TAPIS OU CHIFFON

Vous pouvez utiliser un chiffon et un tapis pour vous nettoyer les pieds avant de grimper. C'est utile en blocs, car le nettoyage des pieds se renouvelle souvent.

LES BLOCS

Ce sont des rochers qui ne nécessitent pas de corde. Avec le matériel décrit ci-dessus, vous voilà paré pour grimper sur ces blocs (3 ou 4 m de hauteur).

Conseils

Ne vous engagez pas sans réfléchir sur des passages présentant une chute au sol dangereuse, des racines, des petits blocs, des trous. Observez bien le terrain d'atterrissage.

Attention aux sauts à répétition pour votre dos. Faites-vous parer : un copain vous attrape au vol pour amortir la chute. Il doit vous attraper aux fesses avec les deux mains. Amortissez bien les sauts avec les jambes.

Exercice

Pour vous familiariser avec ces chutes, je vous conseille de sauter au début de 50 cm pour bien enregistrer le principe. Ensuite, un peu plus haut avec parade. L'idéal est de ne pas sauter du tout si c'est possible et de désescalader.

LA FALAISE

L'escalade en falaise nécessite plus de matériel, car il faut utiliser une corde. La falaise est une barrière rocheuse pouvant aller, en France, de 10 à 300 m de haut. Les falaises de France sont de plus en plus exploitées par les grimpeurs qui nettoient le rocher de tous les blocs instables et mettent à demeure des points d'assurage dans les voies (pitons scellés, pitons à expansion) et des relais.

MATÉRIEL NÉCESSAIRE À LA FALAISE

LE MATÉRIEL DE BASE

Vous ne voulez pas trop investir au début et vous allez grimper avec des amis qui possèdent déjà une corde, il vous faudra :

1 Un baudrier

C'est le harnais que vous portez sur vous et sur lequel est attachée la corde. Le baudrier doit donc être confortable car c'est lui qui répartit les forces sur le corps lors de la chute ! Essayez-le avant de l'acheter. Les bons baudriers sont constitués de sangles larges légèrement molletonnées. N'en choisissez pas un trop lourd. Pour l'escalade, les baudriers les plus employés sont les baudriers cuissards.

2 Un descendeur en 8

C'est une pièce métallique en forme de 8 dans laquelle vous passez la corde pour assurer votre compagnon ou pour descendre en rappel.

Un mousqueton à vis

Il sert à relier le 8 au baudrier.

LE MATÉRIEL COMPLET

L'escalade vous plaît vraiment.

Une corde

Lors d'une chute, la corde doit amortir le choc d'une façon supportable par le corps humain, et doit transmettre une force réduite aux pitons et mousquetons d'assurage. C'est pour cela que les cordes sont légèrement élastiques. Si vous n'allez pas en montagne ou dans des sites comme le Vercors ou le Verdon, une corde simple de diamètre 11 mm ou 10,5 mm suffit. Je vous conseille de prendre une corde de 50 ou 55 m, la couleur dépend de vos goûts.

Entretien de la corde : elle doit être conservée dans un endroit frais et sec à l'abri de la lumière. Lorsqu'elle est mouillée, évitez de la faire sécher près d'une source de chaleur. Si elle est sale, vous pouvez la passer à la machine à laver avec une lessive douce et un programme pour vêtements délicats. Attention : l'essorage abîme la machine. Evitez de laisser la corde à proximité de produits chimiques tels que l'essence dans le coffre de la voiture. La durée de vie d'une corde est de 2 ou 3 ans pour une utilisation moyenne. Ne l'utilisez plus si la gaine est endommagée ou si elle a perdu beaucoup de son élasticité et de sa souplesse.

Comment plier la corde ? Faites des anneaux réguliers et pas trop grands. Pour bloquer la corde, il existe deux méthodes, soit en écheveau si vous mettez votre corde dans un sac, soit en rond si vous voulez la porter autour du cou.

3 Les mousquetons et « dégaines »

Actuellement, les falaises sont presque toutes équipées en spit. Il vous faut donc des mousquetons pouvant pénétrer facilement dans les trous des plaquettes. Prenez des mousquetons légers, c'est plus agréable ; 20 à 22 sont suffisants. Equipez-les de petites sangles qui en relient deux entre eux et facilitent ainsi le mousquetonnage et le passage de la corde. Elles existent toutes faites dans le commerce.

Les sangles

Achetez de la sangle pour faire un grand anneau (1,50 m) et un plus petit (1 m). Ils existent aussi tout faits dans le commerce. Ils servent à passer autour des arbres ou dans des anneaux de rochers.

LA SÉCURITÉ EN FALAISE

L'escalade en falaise se pratique toujours à deux au minimum : une personne grimpe pendant que l'autre assure.

1 PRÉCAUTIONS AVANT DE GRIMPER
— Au pied de la voie, dépliez la corde afin d'évitez les nœuds, pour qu'elle se déplie bien lors de votre ascension vers le haut.
— Pour vous encorder, faites un nœud en 8, c'est un des meilleurs nœuds, et surtout le plus facile à vérifier, si vous ne savez pas encore très bien les faire.
— Accrochez le bout de la corde à un arbre ou encordez votre second. J'insiste sur ce point, car j'ai vu de nombreux accidents causés par le fait que le second avait laissé échapper le bout de la corde.

2 ASSURAGE PAR LE SECOND
Le second passera la corde dans le 8 accroché au baudrier par un mousqueton à vis. Il ne devra jamais lâcher le côté de la corde qui pend vers le sol. Il se placera à 1 ou 2 m du rocher ou au besoin il s'assurera dans un arbre au moyen d'une sangle pour éviter d'être projeté contre le rocher en cas de chute du leader. Il devra donner du mou, c'est-à-dire de la corde au fur et à mesure que le leader grimpe.

PROGRESSION DU LEADER
Les mousquetons et sangles, appelés dégaines, sont accrochés sur le baudrier. Il faut pouvoir les attraper très rapidement. Il est conseillé de mousquetonner chaque point d'assurance que vous trouvez dans la voie. Surveillez la qualité du point d'assurage. Il peut parfois être défectueux (plaquette fendue ou dévissée, il faut alors la revisser, piton non scellé qui bouge, etc.). Ne continuez que si vous vous sentez sûr de vous.

Le mousquetage
L'ouverture du mousqueton doit être tournée vers l'extérieur car le doigt du mousqueton tourné vers le rocher pourrait s'ouvrir et affaiblir la résistance du mousqueton. Vous passez la corde dans le 2e mousqueton en faisant attention qu'il n'y ait pas de torsion trop importante au niveau de la sangle. Le but du jeu est de ne pas tirer sur le point d'assurance en place, il n'est là que pour vous protéger en cas de chute.

En fin de longueur
Voies de moins de 25 m
Dans les nouvelles écoles d'escalade, les voies ne font souvent pas plus de 25 m et vous y trouverez des relais équipés de deux points d'assurance reliés par une chaîne sur laquelle est placée une manille. Vous passez la corde dans la manille et vous vous faites redescendre par la personne qui vous assure. Parfois, les deux points sont reliés par une

sangle. Attention, il est très important de ne jamais passer la corde dans la sangle pour vous faire redescendre, car elle fond au passage de la corde. Je vous laisse imaginer la suite…

Pour passer la corde dans la manille : accrochez-vous au relais avec une dégaine (vachez-vous). Prenez un peu de corde, accrochez-la à un mousqueton. Décordez-vous, passez la corde dans la manille, puis refaites votre nœud d'encordement. Vérifiez que tout est en ordre, et que la corde est assez longue, au besoin mettez en garde votre second, dévachez-vous et faites-vous descendre. Cela peut être en haut de la falaise, autour d'un arbre, ou sur des ancrages prévus à cet effet.

Voies de plus de 25 m

En revanche, il pourra vous arriver de faire des voies de plus de 25 m. La corde n'étant pas assez longue pour vous faire descendre, vous serez obligé de faire un relais. Le relais doit présenter une sécurité totale. Il se fait sur deux points d'assurage solides. Vous devez vous auto-assurer sur les deux points avant de faire monter votre coéquipier.

3 NŒUD POUR S'AUTO-ASSURER

La queue-de-vache me semble être le nœud le plus sûr dans les débuts car les risques d'erreur sont moindres. Mais si vous êtes habile, le nœud de cabestan est plus pratique car il peut se faire d'une main et il est réglable.

ASSURAGE DU SECOND
Au sol
Si vous vous êtes fait descendre au sol, le second a le choix de grimper en tête après avoir tiré la corde ou en second en récupérant les mousquetons. Vous l'assurez alors avec votre 8.

Au relais
Si vous avez dû rester à un relais, vous avalerez la corde et vous assurerez le second au moyen d'un frein. Ce frein ne sera pas accroché sur vous, mais sur un des points d'ancrage. Le frein peut être le 8, mais c'est moins pratique qu'un demi-cabestan que vous effectuez sur le mousqueton à vis de votre 8 ou sur un mousqueton simple. Il faut alors rester vigilant.

Lorsque le second arrivera au relais, ne défaites pas le frein, et ne lâchez pas la corde tant qu'il ne se sera pas auto-assuré lui aussi sur les deux points d'assurage.

A partir du relais, les manœuvres seront à peu près les mêmes qu'au sol, le second assurera avec le 8 accroché sur lui.

COMMUNICATION
Pour la bonne entente dans les cordées pendant l'escalade, il est indispensable que la communication soit claire.

Quelques expressions sont donc utiles à connaître :

- **du mou :** donner de la corde.
- **avaler :** reprendre la corde libre sans tirer.
- **bloque sec :** tenir la corde bloquée. C'est quand on est à l'agonie.
- **vaché :** être auto-assuré, en principe, c'est quand on se trouve au relais.
- **relais :** il doit avoir la même signification que le précédent, il faut vous entendre sur ce point. Relais ne veut pas forcément dire « vaché », il ne faut donc pas lâcher la corde avant d'en être sûr.
- **prends-moi :** c'est lorsque vous avez passé la corde dans la manille du relais pour vous faire redescendre, pour vous assurer que votre coéquipier est vigilant.
- **pierre :** pour avertir que vous avez fait tomber une pierre ou qu'une pierre arrive au-dessus de vous. Dans des endroits pareils, il vaut mieux porter un casque.
- **moulinettes :** c'est faire de l'escalade sans grimper en tête. C'est le système que j'ai décrit ci-dessus. Lorsque la corde est passée dans une manille et que vous vous faites assurer d'en bas. Vous pouvez aussi être assuré au sommet d'une falaise. On vous descend à bout de corde sur un frein et vous remontez en escalade. Il faut toujours fixer l'extrémité de la corde au relais pour éviter de la laisser échapper.
- **attention, je vole :** c'est juste avant la chute. Je vous conseille de voler volontairement pour prendre confiance dans le matériel et admettre que vous ne vous êtes pas fait mal. Vous diminuerez ainsi l'appréhension de la chute et vous grimperez beaucoup mieux car vous serez moins pétrifié par la peur.

Pour tester, vous commencerez par voler le nœud d'encordement à 20 cm au-dessus du point d'assurance, puis pour finir, les pieds au niveau du point d'assurance. Votre coéquipier doit vous assurer en dynamique pour que la réception ne soit pas brutale. Il peut sauter vers le haut pour amortir la réception.

LES ÉCOLES D'ESCALADE

Vous voilà maintenant paré pour aller grimper dans n'importe quelle école de France. On appelle école, tous les lieux d'escalade équipés et nettoyés.

Il vous faudra cependant choisir des itinéraires dans chaque école correspondant à votre niveau. Il existe dans chaque pays une échelle de cotation des difficultés. En France, on utilise une cotation en 8 degrés, bientôt 9. La cotation de chaque voie est donnée par un ou plusieurs grimpeurs différents. Il peut donc y avoir des variations selon les sites. Certains sont plus sévères que d'autres et certains passages sont plus ou moins difficiles selon la morphologie du grimpeur.

COMMENT CONNAÎTRE LES SITES ET LA COTATION DES VOIES

Il existe un livre publié par le COSIROC (Comité de défense des sites et rochers d'escalade), faisant partie de la Fédération française de la montagne et d'escalade, qui dresse une liste assez complète des sites d'escalade en France avec quelques renseignements sur chaque site.

A partir de ces renseignements, vous pouvez vous procurer le guide du site que vous voulez visiter. Vous pouvez trouver ces guides d'escalade dans les librairies spécialisées ou dans les magasins de sport possédant un rayon montagne. Ils vous indiquent l'accès à la falaise, les possibilités d'hébergement, la hauteur, le type de rocher, l'équipement de la falaise et surtout les noms des voies avec leurs cotations.

Si vous débutez en falaise, vous devez commencer par des voies de cotation 5 pour aller progressivement vers le 6a.

En bloc, le site le plus connu étant Fontainebleau, vous pouvez effectuer des circuits. Chaque circuit possède une couleur, la couleur indique le niveau de difficulté de l'ensemble du circuit. La couleur jaune correspond au circuit le plus facile. En ordre croissant vous aurez : jaune, vert, bleu, rouge, blanc et noir.

Bibliographie

— Pr Touln, hôpital Necker, « Précis de gymnastique analytique », cours de faculté.
— Erik Decamp, *Technique de l'alpinisme,* Didier Richard.
— Dr Hass, *Manger pour gagner,* Marabout.

Conception graphique : Pascal Tournaire
N° d'édition : 2584
Dépôt légal : octobre 1987
Imprimé en France par Pollina à Luçon

CRÉDITS PHOTOGRAPHIQUES

La lettre qui suit le numéro de la page correspond à la position de la photo dans la page selon le code suivant : H : haut, B : bas, M : milieu.

Gérard Kosicki : 8, 12-13, 20-21, 24-25, 28-29, 32, 36-37, 40-41, 44-45, 48, 52-53, 56-57, 60-61, 64, 68-69, 72-73, 76-77, 84-85, 88-89, 92-93, 100-101, 104-105, 108-109, 112, 116-117, 120-121, 133, 135, 137-143, 145-152 M, B, 153 H, M, 166-174 H, 175-177, 180-184 ; Roger Nicod : 16, 96 ; Lothar : 80, 152 H, 153 B, 156-157, 163 H, M, 164-165 H, M, 174 B, 179 ; Sportiva : 179 ; Pascal Tournaire : 154, 158-163 B, 165 B.

Conception graphique : Pascal Tournaire
N° d'édition : 2584
Dépôt légal : octobre 1987
Imprimé en France par Pollina à Luçon - N° 9422